本丛书受中山大学"211"三期重点学科建设项目
"粤港澳区域合作研究"资助

中山大学港澳珠三角研究中心

粤港澳区域合作研究文丛

张光南 著

Institution effects on Government Infrastructure investment and Economic Growth:
Base on Comparative Study of Hong Kong and Macao Case

政府基础设施投资与经济增长的制度因素

——基于港澳的比较研究

中国社会科学出版社

图书在版编目(CIP)数据

政府基础设施投资与经济增长的制度因素：基于港澳的比较研究／
张光南著. —北京：中国社会科学出版社，2013.4
（粤港澳区域合作研究丛书）
ISBN 978 - 7 - 5161 - 2374 - 4

Ⅰ.①政… Ⅱ.①张… Ⅲ.①基础设施—投资—关系—经济增长—
对比研究—香港、澳门 Ⅳ.①F299.276.58②F299.276.59

中国版本图书馆 CIP 数据核字(2013)第 061249 号

出 版 人	赵剑英	
策划编辑	郭沂纹	
责任编辑	丁玉灵	
责任校对	徐 楠	
责任印制	张汉林	

出 版　中国社会科学出版社
社 址　北京鼓楼西大街甲 158 号（邮编 100720）
网 址　http://www.csspw.cn
　　　　中文域名:中国社科网　　010 - 64070619
发 行 部　010 - 84083685
门 市 部　010 - 84029450
经 销　新华书店及其他书店

印 刷　北京市大兴区新魏印刷厂
装 订　廊坊市广阳区广增装订厂
版 次　2013 年 4 月第 1 版
印 次　2013 年 4 月第 1 次印刷

开 本　960×650　1/16
印 张　11
插 页　2
字 数　133 千字
定 价　28.00 元

总　序

　　从 20 世纪 80 年代开始，珠江三角洲凭借改革开放先行一步的制度创新优势、毗邻港澳的地缘优势和劳动力与土地的低成本优势，承接港澳产业转移，形成了粤港澳之间在制造业领域的"前店后厂"式跨境生产与服务的产业分工体系，也开启了粤港澳区域经济一体化的进程。这种以优势互补为基础，以国际市场为导向，以参与国际产业分工体系为特征的区域经济合作带来了珠江三角洲高速的经济增长和工业化，使珠三角成为世界性制造业基地；同时使香港从劳动密集型制造业中心发展成为国际金融、贸易、航运和商贸服务中心。

　　香港和澳门在我国改革开放和现代化建设中发挥了独特的作用，港澳的回归和以中国加入 WTO 为标志的内地市场的全方位开放，给内地与港澳地区的经贸关系的发展提供了机遇和挑战。以内地市场局部开放为基础的"前店后厂"模式，已经不适应新形势下内地与港澳经济发展的要求。CEPA 为内地市场全方位开放条件下，深化港澳与内地的经贸合作关系，继续发挥港澳在中国内地改革开放中的独特作用，为保持港澳经济的繁荣稳定提供了新的制度性安排。

　　粤港澳之间地缘相邻、经贸相依、语言相通、人缘相亲，决定了广东在对港澳合作中必将发挥独特的作用。但是，在港澳回归后的一段时间内，粤港澳区域经济合作的进展并不尽如人意。究其原因主要包括两个方面：第一，从经济发展的阶段看，由于广东与港澳地区经济发展阶段演进导致的比较优势和产业结构的变化，使传统的垂直产业分工模式受到挑战。30年前，珠三角处于工业化的初期阶段，具有廉价的劳动和土地，但是缺乏资本、管理和市场开拓能力。港澳地区特别是香港由于工资、土地等要素成本上升，经济正面临从劳动密集型的制造业为主体的经济向服务业主导型的多元化经济发展。港澳和广东之间经济与产业发展上存在的这种阶段性差异和互补性的优势，在珠三角市场对外率先开放的条件下，形成了港澳和珠三角之间在制造业之间形成的"前店后厂"垂直分工合作模式。这种合作是以市场主导下的企业为主体的自发性合作形式。按照区域经济的一体化两种形态划分，它属于功能性的一体化，区域内经济合作主要是自发的市场力量推动和引导的结果。从产业分工看，这是一种垂直的分工。今天，珠三角的经济和产业发展正面临一个新阶段。从工业化的阶段看，珠三角正处于工业化的后期，正从劳动密集型的工业向资本、技术和知识密集型工业转变。从经济发展的阶段看，正面临着从制造业为主导向服务业和现代制造业双轮驱动的经济体系转变。香港正在推进经济向高增值服务业和多元化方向发展，实现产业的适度多元化也是澳门政府面临的课题。珠三角和港澳地区各自的经济发展和结构转型，使早期制造业的垂直分工为特点区域经济合作模式受到了挑战，传统互补性优势正在发生变化。例如，珠三角发展先进制造业的技术、管理等要素很难像工业化的早期阶段那样，直接从港澳地区能够得到；而珠三角地区积极发展的一些现代服务业，如物流、会展、港口等却与香港发生了直接的竞争。由于经济发展阶段和比较优势的变化，使港澳与广东之间垂直的产业分工正在向水平的分工转变。原有的垂直分工需要升级，新的水平分工正在建构，只有遵循市场的规则，发挥各自优势，粤港澳之间新的产业分工体系才能形成。第二，从制度层面看，粤港澳区域合作的深化需要有特殊的制度安排。正确认识粤港澳经贸合作关系的特性和港澳自由市场经济体制，是从制度层面上把握深化粤港澳区域合作的重点和难点的基础。粤港澳区域合作是在"一国两制"条件下，中国内地的一个省份与两个特别行政区之间的合作。港澳分别是两个独立的关税区和独立的货币体系，而广东并不具备相应的地位。另一方面，港澳特别是香港是高度开放、自由的经济体系，缺乏开展对外合作谈判筹码。这两个特点决定了深化粤港澳合作的重点在于广东向港澳进一步开放市场；而广东开放市场则需要有中央的授权和特殊的制度安排。因此，从制度层面看，深化粤港澳合作的难点是在中国内地全方位开放和广东已经位于国内经济发展前列的情况下，中央是否能够给予广东在对港澳经济一体化过程中有更多的自主权和特殊政策；在不影响内地市场开放和经济安全的条件下，形成有效的粤港澳区域经济一体化制度性安排。这一难点已经有了部分突破。2008年7月商务部与香港特区政府签署了 CEPA 补充协议五，内地将在17个服务领域推行29项开放措施。为进一步深化粤港经贸合作，该补充协议允许香港和广东省政府在广东率先推出或试行共25项开放和便利化措施。CEPA 补充协议六在粤港金融合作领域也赋予广东先行先试的权利。《珠江三角洲地区改革发展规划纲要》则在国家层面上首次将珠三角与港澳紧密合作的内容纳入了珠三角规划。2010年和2011年，《粤港合作框架协议》以及《粤澳合作框架协议》分别签署，提出了"在'一国两制'方针指导下，放眼世界、面向未来，在全球格局深刻变化、周边地区竞争加剧以及国家的发展中，以战略思维谋划粤港合作发展思路，完善创新合作机制，进一步建立互利共赢的区域合作关系，有效整合存量资源，创新发展增量资源，推动区域经济一体化，促进社会、文化、生活等多方面共同发展，携手打造亚太地区最具活力和国际竞争力的城市群，率先形成最具发展空间和增长潜力的世界级新经济区域"的目标。

为了深入研究粤港澳区域一体化，为粤港澳共同打造世界级新经济区域提供理论支撑和政策建议，中山大学"211"工程三期设置重点学科建设项目"粤港澳区域合作研究"。该项目以港澳珠江三角洲研究中心为依托，整合中山大学各院系的科研力量，通过对港澳和粤港澳区域合作与发展的重大现实问题开展经济学、社会学和政治学等跨学科的综合研究，推进粤港澳区域合作研究的知识创新和理论积累。自2009年项目开展以来，研究人员已承担科研课题74项，发表论文近百篇，提交咨询报告47份。其中多份研究报告获得各级政府的重视和肯定。"粤港澳区域合作研究"项目拟构建"粤港澳区域合作研究"数据库，收录粤港澳区域合作研究的系列文献、调研及统计数据。为进一步夯实粤港澳区域合作研究的实证基础，项目在珠三角地区的对港澳企业进行调研。详细考察和调研港澳企业在广东地区的经营情况，以及港澳资企业在粤港澳区域合作中的地位和影响，建立"广东港澳企业数据库"。

奉献给读者的这套"粤港澳区域合作研究文丛"，是中山大学"211工程"三期重点学科建设项目"粤港澳区域合作研究"研究的学术成果。"粤港澳区域合作研究"课题组诸位学者从经济、政治、社会、法律几个方面对该区域的社会经济发展和区域合作进行探讨。希望这套丛书对国家实施深化粤港澳合作的区域发展战略、促进粤港澳经济的共同发展的理论研究和实践有所启迪。

在丛书付梓之际，谨向支持本项目研究的学校领导，向承担项目研究的专家、学者、工作人员和研究生表示衷心的感谢。

对丛书的不足之处，期待读者给予指正。

陈广汉

2011年3月22日于康乐园

目　录

第一章

导　论

第一节　问题的提出

如何解释世界各国经济增长和经济发展水平存在的巨大差异，一直是经济学家努力解决的问题。随着制度经济学和公共经济学理论的不断发展，对此有了新的研究思路。制度和基础设施因素对经济的影响引起了政策制定者和经济学界越来越多的重视；各国政府基础设施投入差异的原因也逐渐得到广泛讨论。

本节首先考察世界各国的制度环境、基础设施水平和经济增长的状况，以及相关基本概念，然后提出拟研究的问题。

一　世界各国的制度、基础设施与经济增长状况

现象一：世界各国制度环境总体逐年提高，但相互间存在较大差异。

根据 The Fraser Institute 机构对各国制度环境 EFW 指数（Economic Freedom of the World）的统计数据时间序列比较（Gwartney and Lawson，2007），世界各国 EFW 指标均值从 1980 年 5.4（最高为 10）上升至 2005 年 6.6，总体提高了 1.2 分，全球制度质量总体得到提高，如图 1—1 所示。据统计，对于 EFW 指数所包含的司法公正指标，102 个统计国家中有 90 个国家都得到不同程度提高，

9 个国家降低，3 个国家基本不变。

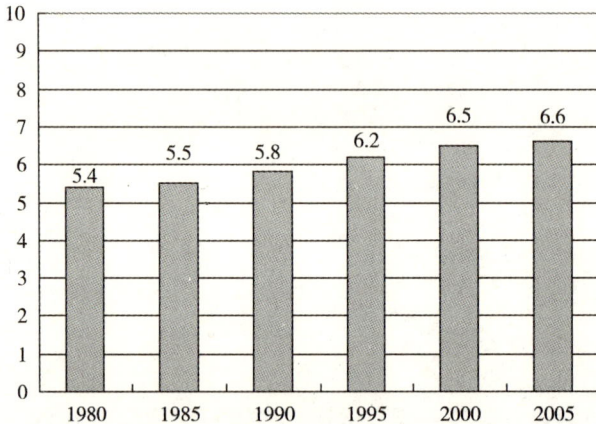

图 1—1   EFW 指标均值呈逐年提高趋势

如表 1—1 所示，1980—2005 年间在 EFW 变化幅度方面，5 个国家的提高幅度超过 3：Hungary （3.0），Peru （3.0），Uganda （3.2），Ghana （3.6），Israel （3.7）。相反，另外有 3 个国家 EFW 降低幅度超过 1：Zimbabwe （-1.7），Venezuela （-1.7），Myanmar （-1.3）。

报告显示，2005 年中国香港 EFW 为 8.9 （Summary Index），仍然是全世界制度环境排名最高的地区。EFW 指数排名前十名的其他国家分别是：Singapore （8.8），New Zealand （8.5），Switzerland （8.3），Canada （8.1），United Kingdom （8.1），United States （8.1），Estonia （8.0），Australia （7.9），Ireland （7.9）。

其他大型经济体的 EFW 指数排名和分值分别是：Germany，18 （7.6）；Japan，22 （7.5）；Mexico，44 （7.1）；France，52 （7.0）；Italy，52 （7.0）；India，69 （6.6）；China，86 （6.3）；Brazil，101 （6.0）；Russia，112 （5.8）。

EFW 指数排名在全球最低 1/5 的国家主要是非洲国家，而排在最后 10 名的国家除了 Venezuela 和 Myanmar 之外全部都在非洲：Zimbabwe（2.9），Myanmar（3.8），the Democratic Republic of the Congo，（4.0），Angola（4.2），the Republic of the Congo，（4.3），Central Africa Republic，（4.6），Venezuela（4.9），Burundi（5.0），Chad（5.1），and Niger（5.1）。

表 1—1　　　　世界各国 1970—2005 年 EFW 指标

EFW1970—2005	1970	1975	1980	1985	1990	1995	2000	2001	2002	2003	2004	2005	2005s	Rank
Albania					4.1	4.5	5.7	5.7	5.9	6.1	5.8	5.9	6.1	97
Algeria			4.1	4.1	3.7	3.8	4.3	4.5	4.5	4.5	4.8	5.4	5.3	127
Argentina	5.1	3.3	4.3	3.9	4.9	6.7	7.2	6.5	5.9	5.7	5.8	5.3	5.4	124
Australia	7.3	6.4	7.1	7.4	7.6	7.8	8.0	7.9	7.9	7.8	7.8	7.9	7.9	9
Austria	6.5	6.2	6.6	6.6	7.2	7.0	7.5	7.6	7.6	7.6	7.7	7.7	7.6	18
Bahamas		6.6	6.4	6.3	6.2	6.3	6.5	6.6	6.5	6.7	6.7	7.0	7.1	44
Bahrain			7.3	6.9	6.8	6.9	7.2	7.2	7.1	7.1	7.0	7.1	7.1	44
Bangladesh		3.3	3.6	3.9	4.6	5.4	5.7	5.7	5.8	5.6	5.6	5.8	6.0	101
Barbados		5.4	5.4	5.7	5.8	5.8	5.6	5.5	5.7	5.5	5.6	5.8	6.3	86
Belgium	7.7	7.0	7.2	7.3	7.5	7.2	7.5	7.4	7.4	7.3	7.3	7.2	7.2	38
Belize			5.6	5.4	5.8	6.3	6.2	6.2	6.6	6.7	6.6	7.0	6.6	69
Benin			4.9	4.6	5.0	4.6	5.4	5.5	5.4	5.4	5.4	5.8	5.8	112
Bolivia			4.5	3.6	5.3	6.5	6.7	6.5	6.5	6.5	6.5	6.6	6.6	69
Botswana			5.5	5.7	5.8	6.4	7.2	7.2	7.2	7.0	7.0	6.9	7.2	38
Brazil	5.4	4.5	4.2	3.7	4.5	4.5	5.9	5.9	6.2	5.9	5.9	5.9	6.0	101
Bulgaria				5.2	4.1	4.5	5.1	5.7	6.1	6.2	6.4	6.6	6.9	56
Burundi		4.3	4.3	4.7	4.9	4.5	5.1	5.3	5.1	4.5	4.5	5.0	5.0	134
Cameroon			5.5	5.7	5.7	5.3	5.4	5.7	5.7	5.7	5.7	5.6	5.4	124
Canada	8.0	7.1	7.6	7.6	8.0	7.8	8.1	8.1	7.9	8.0	8.0	8.0	8.1	5
Central Afr. Rep.				4.3	4.9	4.7	4.9	5.0	5.0	5.2	5.0	5.1	4.6	136
Chad				4.5	4.6	4.6	5.4	5.6	5.6	5.6	5.5	5.3	5.1	131
Chile	4.1	3.9	5.6	6.2	6.9	7.5	7.5	7.3	7.2	7.4	7.4	7.7	7.8	11
China			4.2	5.1	4.9	5.3	5.7	5.8	5.7	5.8	5.5	5.9	6.3	86

续表

EFW1970—2005	1970	1975	1980	1985	1990	1995	2000	2001	2002	2003	2004	2005	2005s	Rank
Colombia	5.3	5.0	4.8	5.2	4.9	5.5	5.4	5.5	5.4	5.5	5.5	5.6	5.8	112
Congo, Dem. R.	4.6	4.2	3.1	3.8	3.4	3.7	3.4	3.6	4.5	4.4	4.3	3.8	4.0	139
Congo, Rep. Of			4.7	4.7	4.9	5.0	4.4	4.6	4.5	4.4	4.4	4.5	4.3	137
Costa Rica		6.2	5.5	5.2	6.7	6.8	7.3	7.2	7.2	7.3	7.2	7.3	7.4	30
Cote d1voire			5.2	5.8	5.5	5.4	5.7	5.7	5.6	5.4	5.8	6.1	5.9	107
Croatia						4.4	5.8	6.1	6.0	6.1	6.2	6.5	6.4	82
Cyprus		5.6	5.5	5.5	6.0	6.2	6.2	6.3	6.8	6.7	7.3	7.5	7.5	22
Czech Rep.						5.8	6.7	6.8	6.9	6.8	6.9	7.0	7.0	52
Denmark	7.1	6.3	6.5	6.7	7.3	7.5	7.7	7.6	7.6	7.6	7.6	7.7	7.7	15
Dominican Rep.			5.3	5.0	4.5	6.0	6.5	6.5	6.6	6.2	5.5	6.3	6.4	82
Ecuador	4.0	5.0	5.3	4.5	5.3	6.0	5.6	5.5	5.9	5.8	5.2	5.6	5.8	112
Egypt		4.0	4.7	5.3	5.0	5.9	6.7	6.5	6.2	6.1	6.3	6.8	6.5	76
El Salvador			4.7	4.5	4.8	7.0	7.3	7.3	7.2	7.2	7.3	7.5	7.6	18
Estonia						5.4	7.1	7.4	7.6	7.6	7.6	7.8	8.0	8
Fiji		5.4	5.7	5.9	5.9	6.1	6.1	6.0	6.1	6.0	6.0	6.3	5.9	107
Finland	7.1	6.2	6.9	7.1	7.4	7.6	7.7	7.7	7.7	7.6	7.7	7.8	7.8	11
France	6.6	5.8	6.1	6.1	7.1	6.8	7.0	6.7	6.9	6.9	7.0	6.9	7.0	52
Gabon			3.9	4.6	4.8	4.8	5.2	5.1	5.0	5.0	5.3	5.6	5.6	119
Germany	7.7	7.2	7.4	7.4	7.7	7.5	7.6	7.3	7.3	7.4	7.6	7.7	7.6	18
Ghana		3.6	2.8	3.0	4.8	5.4	5.8	5.7	6.3	6.5	6.3	6.4	6.2	91
Greece	6.4	5.9	5.8	5.3	6.0	6.3	6.9	6.8	6.8	6.9	6.8	6.8	6.9	56
Guatemala	6.1	6.7	6.1	5.1	5.6	6.7	6.4	6.4	6.4	6.5	6.7	7.1	7.1	44
Guinea – Bissau					3.3	3.9	4.4	5.0	5.1	5.0	5.1	5.3	5.2	129
Guyana						5.1	6.8	6.6	6.5	6.3	6.1	6.4	6.1	97
Haiti			5.8	6.1	5.8	5.8	5.9	5.5	5.4	5.3	5.3	5.8	6.0	101
Honduras			5.9	5.7	5.5	6.2	6.4	6.3	6.4	6.5	6.5	6.5	6.7	67
Hong Kong	8.9	8.9	9.2	8.9	8.7	9.2	8.8	8.7	8.7	8.8	8.7	9.0	8.9	1
Hungary			4.6	5.2	5.4	6.4	6.7	7.1	7.3	7.2	7.5	7.6	7.5	22
Iceland	6.6	4.7	5.4	5.6	6.9	7.4	7.7	7.7	7.6	7.7	7.9	7.8	7.8	11
India	5.3	4.4	5.3	5.0	5.0	5.6	6.2	6.2	6.3	6.4	6.5	6.7	6.6	69
Indonesia	4.9	5.3	5.2	6.1	6.5	6.6	5.9	5.5	5.8	6.1	6.0	6.4	6.3	86
Iran	5.9	5.7	3.8	4.1	4.7	4.5	5.6	6.1	6.1	5.9	6.0	6.5	6.4	82
Ireland	7.1	6.3	6.7	6.7	7.3	8.2	8.1	7.9	7.8	7.8	8.0	7.9	7.9	9

续表

EFW1970—2005	1970	1975	1980	1985	1990	1995	2000	2001	2002	2003	2004	2005	2005s	Rank
Israel	4.9	4.3	3.7	4.2	4.5	5.8	6.5	6.5	6.8	6.7	7.0	7.4	7.1	44
Italy	6.1	5.3	5.4	5.7	6.6	6.5	7.1	7.0	7.0	6.7	6.9	6.9	7.0	52
Jamaica			4.3	4.7	5.4	6.4	7.0	6.9	6.8	6.7	6.8	7.0	7.2	38
Japan	6.8	6.4	6.9	7.0	7.4	7.0	7.3	7.0	6.9	7.4	7.4	7.4	7.5	22
Jordan		5.5	5.3	5.8	5.6	6.1	7.0	6.7	7.1	6.9	6.8	6.9	7.0	52
Kenya	5.1	4.8	5.0	5.4	5.4	5.8	6.5	6.6	6.6	6.8	6.7	6.9	6.6	69
Kuwait			5.2	7.1	5.1	6.4	6.7	7.0	7.0	7.1	7.1	7.4	7.3	32
Latvia						4.8	6.6	6.7	7.1	6.8	7.0	7.3	7.5	22
Lithuania						4.8	6.3	6.3	6.8	6.7	6.9	7.2	7.5	22
Luxembourg	7.7	7.6	7.5	7.9	7.8	7.7	7.7	7.7	7.6	7.6	7.8	7.7	7.8	11
Madagascar			4.5	4.7	4.6	4.7	5.6	5.9	5.5	5.9	5.8	5.8	5.9	107
Malawi		5.1	4.6	4.8	4.8	4.4	4.7	5.3	5.5	5.5	5.3	5.5	5.5	122
Malaysia	6.6	6.4	7.0	7.1	7.5	7.4	6.9	6.4	6.5	6.5	6.7	6.8	6.8	60
Mali		5.4	5.5	5.1	5.2	5.3	6.0	5.7	5.6	5.6	5.6	5.5	5.3	127
Malta			5.4	5.2	5.4	6.6	6.5	6.5	6.5	6.3	6.9	7.1	7.3	32
Mauritius		5.0	5.2	6.3	6.1	7.3	7.3	7.3	7.2	7.0	7.0	7.6	7.5	22
Mexico	6.5	5.8	5.6	4.7	6.0	6.3	6.3	6.3	6.5	6.4	6.5	7.0	7.1	44
Morocco	5.8	5.1	4.5	5.0	5.0	5.9	6.0	5.9	5.9	6.1	5.9	6.0	5.9	107
Myanmar			4.8	4.4	3.4	4.1	3.9	3.7	3.4	3.2	3.4	3.5	3.8	140
Namibia					5.4	6.4	6.2	6.4	6.3	6.5	6.2	6.4	6.6	69
Nepal			5.7	5.3	5.4	5.4	5.8	5.8	5.7	5.2	5.3	5.0	5.6	119
Netherlands	7.5	6.9	7.3	7.5	7.8	7.8	8.0	7.7	7.7	7.7	7.7	7.8	7.7	15
New Zealand	6.7	6.0	6.7	6.5	7.7	8.6	8.4	8.2	8.2	8.2	8.2	8.3	8.5	3
Nicaragua			4.1	2.1	3.0	5.4	6.4	6.2	6.3	6.3	6.2	6.3	6.5	76
Niger			5.1	5.5	5.1	4.9	5.8	5.5	5.4	5.2	5.2	5.3	5.1	131
Nigeria	3.7	3.8	3.7	3.9	3.7	4.0	5.3	5.4	5.5	5.7	5.6	5.7	5.7	117
Norway	6.3	5.8	6.1	6.6	7.2	7.4	7.2	7.1	7.1	7.3	7.1	7.4	7.5	22
Oman				6.8	6.3	7.0	7.1	7.2	7.1	7.4	7.4	7.9	7.6	18
Pakistan	4.4	3.8	4.6	5.1	5.0	5.6	5.4	5.5	5.8	5.6	5.7	5.8	6.0	101
Panama		6.8	5.5	6.0	6.3	7.1	7.1	7.2	7.2	7.2	7.2	7.2	7.4	30
Pap. New Guinea				6.2	6.4	6.5	5.8	5.8	5.8	5.7	5.8	6.3	6.2	91
Paraguay			5.7	5.2	5.6	6.5	6.3	6.3	6.2	6.2	6.1	6.3	6.5	76
Peru	4.7	4.0	4.0	3.1	4.2	6.3	6.9	6.9	6.9	6.8	6.8	7.1	7.2	38
Philippines	5.7	5.3	5.3	5.2	5.5	7.2	7.1	6.6	6.6	6.6	6.3	6.5	6.6	69
Poland				3.9	4.0	5.3	6.3	6.1	6.4	6.2	6.7	6.8	6.9	56

续表

EFW1970—2005	1970	1975	1980	1985	1990	1995	2000	2001	2002	2003	2004	2005	2005s	Rank
Portugal	6.3	4.1	5.9	5.6	6.4	7.3	7.3	7.2	7.4	7.3	7.5	7.3	7.2	38
Romania				4.6	4.7	4.0	4.9	5.0	5.6	5.7	5.6	6.3	6.4	82
Russia						4.1	4.9	4.9	5.2	5.2	5.6	5.5	5.8	112
Rwanda					5.1	4.1	5.0	5.1	5.3	4.7	4.8	5.1	5.2	129
Senegal			4.7	5.0	5.4	4.8	5.9	5.8	5.8	5.8	5.8	6.1	5.9	107
Sierra Leone		5.6	5.4	3.6	3.9	4.3	5.1	5.1	5.4	5.4	5.6	5.5	5.7	117
Singapore	7.9	7.6	7.9	8.3	8.7	8.8	8.5	8.5	8.6	8.5	8.6	8.6	8.8	2
Slovak Rep						5.5	6.3	6.3	6.4	6.4	7.0	7.2	7.3	32
Slovenia						4.8	5.9	6.0	6.0	5.9	6.0	6.0	6.2	91
South Africa	6.7	5.9	5.9	5.5	5.5	6.3	6.8	6.7	6.8	6.9	6.7	6.7	6.8	60
South Korea	5.4	5.3	5.6	5.7	6.1	6.4	6.6	7.0	6.9	6.9	7.1	7.2	7.3	32
Spain	6.6	5.9	6.0	6.2	6.5	7.0	7.4	7.0	7.1	7.1	7.2	7.1	7.1	44
Sri Lanka			5.2	5.3	5.0	6.1	6.1	6.0	5.9	6.0	5.9	5.8	6.0	101
Sweden	5.8	5.6	6.1	6.6	6.9	7.2	7.4	7.2	7.3	7.5	7.3	7.4	7.5	22
Switzerland	8.0	7.8	8.2	8.3	8.3	8.0	8.4	8.2	8.3	8.2	8.2	8.2	8.3	4
Syria	4.3	4.5	3.7	3.4	3.7	4.4	4.8	5.3	5.0	4.9	5.2	5.4	5.4	124
Taiwan	6.9	6.1	6.9	7.1	7.3	7.3	7.2	7.1	7.2	7.2	7.3	7.2	7.2	38
Tanzania	4.5	3.9	4.0	3.6	4.0	4.9	5.8	6.3	6.4	6.3	6.5	6.4	6.3	86
Thailand	6.0	5.9	6.2	6.2	6.9	7.2	6.7	6.7	6.7	6.6	6.6	6.7	6.8	60
Togo			4.2	5.4	5.1	4.8	5.0	5.1	5.2	4.9	4.9	5.0	5.1	131
Trinidad & Tob.		4.8	5.0	4.9	5.7	6.7	7.0	6.9	6.8	6.6	6.7	6.6	6.8	60
Tunisia	4.8	4.8	5.2	4.9	5.4	6.0	6.1	6.1	6.0	5.9	6.0	6.2	6.6	69
Turkey	4.0	4.1	3.8	4.9	5.0	5.7	5.8	5.3	5.5	5.8	5.9	6.2	6.2	91
Uganda			3.3	2.8	3.0	5.1	6.5	6.6	6.6	6.5	6.4	6.4	6.5	76
Ukraine						3.9	4.7	4.8	5.3	5.1	5.4	5.6	5.8	112
Unit. Arab Em.			5.9	6.8	7.1	7.1	7.4	7.4	7.4	7.5	7.4	7.5	7.7	15
United Kingdom	6.5	6.2	6.5	7.4	7.8	8.1	8.2	8.2	8.2	8.1	8.1	8.1	8.1	5
United States	7.6	7.7	8.0	8.1	8.4	8.3	8.6	8.3	8.2	8.1	8.2	8.0	8.1	5
Uruguay			5.7	5.7	6.0	5.9	6.6	6.6	6.7	6.5	6.7	6.7	6.9	56
Venezuela	6.8	5.8	6.3	6.0	5.4	4.3	5.5	5.5	4.4	4.0	4.5	4.6	4.9	135
Zambia		4.6	5.0	4.0	3.3	4.8	6.7	6.9	6.7	6.7	6.8	6.8	6.7	67
Zimbabwe			4.5	4.5	4.7	5.4	4.1	3.4	3.3	3.3	3.1	2.8	2.9	141

注：2005s 代表该年度 Summary Index；Rank 代表 2005 年 EFW 排名。数据来源：The Fraser Institute。

现象二：制度指标越高，收入水平越高，经济增长越快。

统计显示，EFW 指数与经济收入水平呈较显著的关系：EFW 指数排在全世界最高 1/4 国家的平均人均 GDP 为 26013 美元（以 2000 年为不变价格的 PPP），而 EFW 指数在最低 1/4 国家的则为 3305 美元，如图 1—2 所示。

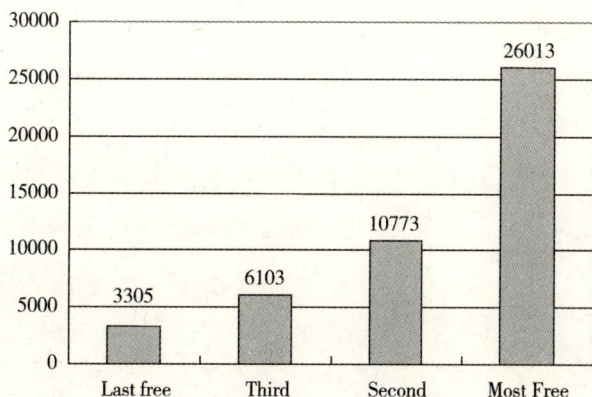

图 1—2　EFW 指标与人均收入

注：人均收入以年人均 GDP 表示（PPP，2000 年不变价格国际货币为标准）。

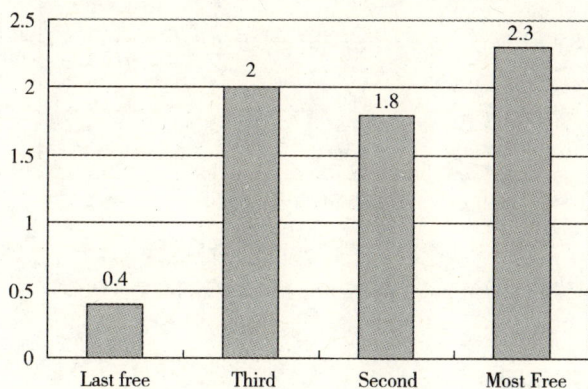

图 1—3　EFW 指标与经济增长

注：经济增长以年人均 GDP 增长率表示（％）。

另外，EFW 指数越高，经济增长率也相对较高：EFW 排名在最高 1/4 之列的国家平均人均经济增长率 2.3%，而最低 1/4 之列的国家则为 0.4%。

现象三：制度指标越高，基础设施建设程度越高。

制度与基础设施建设程度也存在显著的关系：EFW 指数越高，则电话拥有量、公共自来水设施、公共卫生设施等基础设施建设程度越好；EFW 指数较高的国家基础设施显著高于 EFW 指数较低的国家。如图 1—4、图 1—5、图 1—6 所示，EFW 指数排名在全球前 1/4 的国家电话登记数为 1320.7/千人，而排名最后 1/4 的国家则为 329.2/千人；相应的，能获得可饮用水的人口比例分别是 99.2% 和 72.7%，能享受卫生设施服务的人口比例分别是 97.5% 和 53.5%。

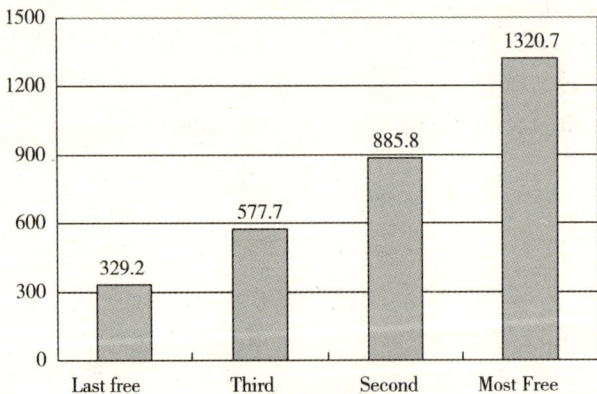

图 1—4　EFW 指标与电话拥有量

注：电话拥有量以每千人拥有固定电话和移动电话登记量表示。

二　提出问题

由上述现象可知，世界各国制度环境总体逐年提高，但各国之间千差万别；制度指标较高的国家，收入水平和经济增长表现较

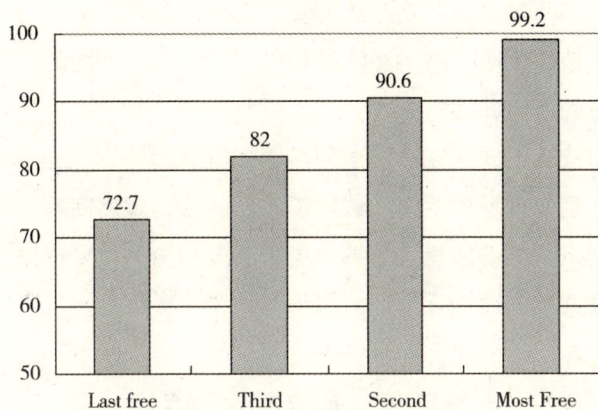

图 1—5 EFW 与公共自来水设施

注：公共自来水设施以 2004 年能获得可饮用水的人口比例表示。

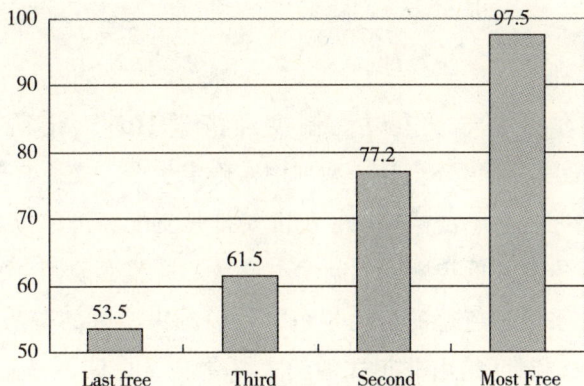

图 1—6 EFW 与公共卫生设施

注：公共卫生设施以 2004 年能获得公共卫生设施的人口比例表示。

好，基础设施建设水平也较高。为了探讨制度、基础设施与经济增长的内在关系，需要进一步分析以下几个问题：

世界各国基础设施投入差异产生的原因是什么？

制度因素如何影响各国政府对基础设施的投入？

制度和基础设施影响经济增长的内在机制是什么？

如何核算制度因素对经济增长的贡献，以及不同的制度环境下基础设施的产出弹性？

如何核算不同制度环境下的最优政府规模？

以上是解释世界各国经济增长差异的重要现实问题，也是政策制定者制定基础设施投入政策和提高制度环境的重要依据。为了在理论上对这些问题进行论证，必须对相关重要概念进行界定。

第二节　基本概念的界定

以下分别对本书涉及的制度、制度指标的界定、基础设施和经济增长等重要概念进行论述。

一　制度

诺贝尔经济学奖得主、制度经济学奠基人诺斯（North，1981）认为，制度环境是一系列用来确定生产、交换与分配的基本的政治、社会、法律规则，制度安排是支配经济单位之间可能合作与竞争方式的规则，而制度本身是"一整套规则，它遵循的要求和合乎伦理道德的行为规范，用以约束个人的行为"。他进一步认为，制度是由非正式的约束（制裁、忌讳、习俗、传统、行为准则）和正式的规则（章程、法律、财产所有权）组成（诺斯，1991，1992）。他将制度因素纳入经济增长的框架，把制度作为经济增长的内生变量，应用现代产权理论说明制度变迁与经济增长的关系。

青木昌彦（Aoki，2001）认为，制度是"关于博弈重复进行的主要方式的共有理念的自我维系系统"。他强调博弈规则不是外生给定的，也不是由政治、文化和超级博弈决定的，而是参与人的策略互动内在产生的，它们被参与人所预期，是自我可实施的。制度作为共有理念自我维系系统，其实质是对博弈均衡的概要表述，或信息浓缩，它作为许多可能的表征形式之一起着协调参与人的作用。但在任何情况下，某些理念被参与人共同分享和维系，由于具备足够的均衡基础而逐渐演化成制度。

在此基础上，新制度经济学家认为制度安排支配着公众及私人的行为，从而影响资源配置的效率，导致经济绩效的差异。大量文献已经证明制度质量较高的国家，私人投资率和资本产出更高。因为稳定的制度框架是投资所需要的；如果产权保护不够，投资者不愿意承担资本风险，他们担心回报被他人挪用；而且制度是资本市场运行的基础。

另外值得一提的是，诺斯还建立起制度变迁的路径依赖理论。他认为，路径依赖是指人类社会中的技术演进或制度变迁均有类似于物理学中的惯性，即一旦进入某一路径（无论是"好"还是"坏"）就可能对这种路径产生依赖。制度变迁如同技术演进一样，也存在着报酬递增和自我强化机制。这种机制使制度变迁一旦走上了某一条路径，它的既定方向会在以后的发展中得到自强化。所以，"人们过去作出的选择决定了他们现在可能的选择"。沿着既定的路径，经济和政治制度的变迁可能进入良性循环的轨道，迅速优化；也可能顺着原来的错误路径往下滑；而且，它还可能会被锁定（lock - in）在某种无效率的状态之下。这时往往需要借助外部效应，引入外生变量，才能实现对原有方向的扭转。

二 制度指标的衡量

正如格瓦特尼、霍尔库姆和劳森（Gwartney，Holcombe & Lawson，2006）指出，衡量制度质量比较困难，制度指标的选取也存在较多的争议。

已有文献尝试采用政治制度指标或工具变量方法作为制度代理变量：如斯卡利（Scully，1988，1992）使用加斯蒂尔（Gastil，1978，1987）政治权利和民主自由的指标，并证明了自由和经济增长的关系。但其他文献普遍认为加斯蒂尔所指的政治自由本身就和经济自由相关，事实上是经济制度而不是政治制度促进经济发展（Barro，1996；Gwartney，Lawson，and Holcombe，1999）。随后南柯和科弗（Knack & Keefer，1995）结合加斯蒂尔政治自由指数和私人公司的国际投资风险作为经济制度质量的指标。这个风险指标比加斯蒂尔指数更加接近经济学家所认为的影响经济表现的制度安排，但仍存在两个主要缺陷：第一，制度质量衡量标准太狭窄，遗漏了其他重要的制度因素，如国家税收结构、管制、贸易政策等制度因素都会影响经济表现；第二，这个私人公司的国际投资风险指标是主观评价决定的，这使得很难确保制度衡量的精确性和解释的合理性，而且很可能使得给高收入和增长较快的国家较高的分值，存在制度与经济增长内生性问题。

随后的文献通过工具变量提供了解决制度与经济增长内生性问题的途径，给我们提供线索并更加确信制度的影响力，并提供了更详细分析制度因素的基本框架。如阿西莫格鲁、约翰逊和罗宾逊（Acemoglu，Johnson & Robinson，2001）采用殖民地地区移民者的死亡率作为殖民地地区制度质量的工具变量。他们认为殖民者面临较少健康危险的地区则倾向建立稳定制度保护产权和建立法律，而其他地区则集中快速榨取资源，并留下较差的制度。而霍尔和琼斯（Hall & Jones，1999）则用人口中使用英语语言和西欧语言的比例作为制度质量工具变量。工具变量虽然能够避免制度与经济增长内生性问题，但仍然有几点不足：第一，正是由于制度变量所代表的含义引起争论，制度经济学家认为如高死亡率降低建立良好制度的动机，而持地理位置决定论学者认为高死亡率是当时和过去气候条件对居民健康和精力状况不利造成的，与制度无关；第二，因为所使用的制度代理变量，如殖民移民者的死亡率，反映的是很久以前的事件，无法获得所需的制度数据，所以不得不关注代理变量和经济水平的关系，但这种关系很容易使受到模型遗漏的其他变量导致虚假回归，而且这也无法更一般的分析制度质量变化如何影响投资和经济增长；第三，工具变量无法解释促进经济增长的具体制度因素，无法体现哪方面的制度比较重要，以及制度质量改变对经济增长的影响有多大。

现有文献采用的其他制度质量衡量指标包括以下几种：（1）国际风险指标 ICRG（International Country Risk Guide）排名（Borner, Brunetti and Weder, 1995）。这是由政治风险服务机构（Political Risk Services）制定的指标，用于反映产权确定性和契约执行效率的几个方面：法律制度、财产受剥夺风险、政府否认契约的可能性大小、政府腐败以及官僚机构的质量。（2）法治指标 RL（Keefer and Knack, 1995；Barro, 1996）。这个指标是由 IRIS（Center for Institutional Reform and the Informal Sector）根据 ICRG 数据计算，反映政府建立法律和公平竞争制度意愿的程度，由低到高以 0—6 分表示。法治程度越高，说明政府制度建设投入越积极，制度质量越高。（3）衡量人们持有契约关联货币意愿的指标。祈德尊（Clague, 1995）采用（M2−M1）/M2 作为衡量一国所有契约能否执行的代理指标。这个客观指标可以从国际货币基金组织出版的《国际金融统计》中得到。（4）政府效率指数 BQ 和政府腐败指数 CORR（Keefer and Knack, 1995；Barro, 1996）。（5）用一国的现实法律作为衡量产权安全性的客观指标（La Porta, Lopez − de − Salinas and Shleifer, 1999）。（6）赫尼兹（Henisz）建立了衡量政府对决策制定过程进行监督和控制的程度的指数，其假设是政府这些措施会更好的保护财产权利。但是这些代理变量仍然存在上文提出的类似问题而显得不够理想，并受到理论界争议和批评。

随着研究的发展，最新的文献提供了解决问题的办法，并普遍采用更加丰富的制度质量标准反映世界经济自由指数（EFW），[①]以分析较长时期制度对经济增长的影响。EFW 指数由五个主要领域组成：

（1）政府规模：公共支出，税收和公共企业；[②]

　　A 政府消费支出占总消费的百分比

　　B 转移支付和补贴占 GDP 的百分比

　　C 政府企业和投资

　　D 最高边际税率

（2）法律结构和产权保护；[③]

　　A 司法独立

　　B 公正的法院

　　C 对产权的保护

　　D 对法治与政治过程的军事干预

　　E 法律系统的完整性

---

①　将各种子指标计算在内，世界经济自由指数（EFW）一共使用了 38 种不同的数据。每项指标和子指标都用 0 到 10 的量值来表示，它用来反映作为指数计算基础的数据的分布。对每一个领域内各项指标的评分（ratings）加以平均，就分别得到对五个领域各自的评分。同理，总分是五大领域评分的平均。

②　政府规模用来衡量一个国家在多大程度上是依靠个人选择和市场机制来配置资源、产品和服务，而不是依靠政治过程来配置。如果一个国家政府支出占总支出比例较少，政府企业部门规模较小，同时实行相对较低的边际税率，那么这个国家在这一领域的经济自由度就较高。

③　法律结构和产权保护其核心构成要素是法治，产权保护，独立的司法和公正的法院系统。这些指标将揭示政府的保护职能在多大程度上得到良好实施，它们主要来源于两个研究报告：《国际国家风险投资指南》和《全球竞争力报告》。这两个报告取得的排序都是建立在调查的基础之上。

 （3）使用稳健货币的权利；①

  A 货币供应量增长率

  B 通货膨胀的标准差

  C 最近的通货膨胀率

  D 拥有外币银行账号的自由度

 （4）国际贸易的自由度；②

  A 国际贸易税收

  B 管制性贸易壁垒

  C 贸易部门实际规模与理想规模的比较

  D 黑市汇率

  E 国际资本市场的管制程度

 （5）对信贷，劳动力和商业的管制。③

  A 信贷市场管制

---

 ① 货币是交换这一车轮的润滑剂。稳健货币的缺失将严重损害贸易收益。正如弗里德曼所言，通货膨胀率过高和不稳定，必然扭曲产品的相对价格，改变长期契约的基本条件，最终使个人和厂商不能十分敏感地对未来做好准备。稳健的货币对产权的保护具有十分重要的意义，从而也会促进经济自由。政府动用了通货膨胀以及印钞机，新发行的纸币被用于政府支出，这事实上表明政府借此使公民的个人财产贬值，从而达到征用其财产的目的。谁提供稳健货币本身并不重要，关键是个人要有使用稳健货币的权利。因此，除了考虑一个国家通货膨胀和政府货币政策之外，我们还要考虑选择可替代的和更具有信用的通货到底有多么困难。如果银行家能够提供其他币种的储蓄和支票账户，或者公民能够在国外银行开户，那么取得和使用稳健货币的选择增多，从而经济自由也会增加。

 ② 对外贸易的自由度这一领域的指标设计主要是用来衡量各种各样影响国际贸易的限制因素。这些数据来源于《全球竞争力报告》。为了在这一领域得分较高，一个国家必须实行低关税，贸易部门比期望大，海关行政效率高，自由可兑换货币和较少的资本控制。

 ③ 当管制行为限制市场准入和干预自由交易时，它们就减少了经济自由。一些国家如果想在指数的这一部分获得高分，那么它们必须允许由市场决定价格，限制阻碍商务准入和增加生产产品成本的管制活动。同时它们必须避免偏袒行事，即避免通过使用它们自身权力从一些商务活动中攫取资金缴付，以牺牲这些商务活动的利益为代价来奖励另外一些商务活动。

B 劳动力市场管制

C 商业管制

EFW 指数作为制度质量的衡量指标有如下几点优势：它包含了经济学家曾经论证的促进经济表现和提高经济增长的各种因素，是一个全面的综合的指标；该指数是制度质量直接的衡量标准而不是代理变量，为政策制定者提供直观的含义；更重要的是具有1970 年至今的长时间段数据。正如格瓦特尼、劳森和伊斯特利（Gwartney, Lawson & Easterly, 2006）指出，经济自由的关键构成要素是个人选择，自愿交换，竞争自由以及人身和财产权利的保护。如果制度和政策能够为自愿交换提供平台，能够保护人身和财产权利，使其免受侵犯者利用暴力、强制和欺骗等手段获取不属于他们的财产，那么这些制度和政策就与经济自由相一致。法律安排尤其重要：当政府通过提供法律结构和法律实施体制而以毫无偏袒的方式来保护所有者产权和强制合同的实施与履行，此时政府促进了经济自由。这也说明了 EFW 作为制度衡量标准是与制度内涵相吻合的。

因此，本书也将采用 EFW 衡量制度质量。事实上，已有相关文献以 EFW 指数作为衡量制度质量的指标（Dawson, John W., 1998；Gwartney, Lawson, and Holcombe, 1999；Wu, Wenbo, and Otto A. Davis, 1999）。

三　基础设施

张军等人（2006）对基础设施的定义作了很好的综述，他们认为基础设施定义始于亚当·斯密：斯密（1974）描述的国家的第三个职能"建设并维持某些公共事业及公共设施，其建设与维持绝不是为某些极少数人的利益"。就是指"基础设施"。

发展经济学文献中，Rosenstein - Rodan（2004）将基础设施定

义为社会管理资本（social overhead capital），包括诸如电力、运输
或者通信在内的所有基础产业，它所提供的服务具有间接的生产
性，而其最重要的产品就是在其他产业中创造出来的投资机会，它
构成了整个国民经济的先行成本。社会管理资本的特点在于：首
先，它是不可分的，在配置上具有大规模的集聚性，投资规模巨
大；其次，基础设施具有较长的建设周期。这些特点决定了"这
些产业必须优先于那些能够更快产生收益的、具有直接生产性的投
资"，以便为增加能更快地产生收益的直接性生产性投资铺平道
路；同时，供给上的不可分割性也是产生规模经济的重要源泉。此
外，纳克斯（Nurkse，1953）认为社会管理资本不仅包括公路、铁
路、电信系统、电力、供水等，还包括学校和医院。阿尔博特·赫
思曼（Albert Hirschman，1957）从狭义和广义两个方面定义了基
础设施，并具体给出了判断一项经济活动是否为基础设施的条件。
他认为社会管理资本"包括那些进行一次、二次及三次产业活动
所不可缺少的基本服务"，一项属于基础设施的活动必须满足以下
条件：第一，这种活动所提供的劳务有利于或者在某种程度上是许
多其他经济活动得以进行的基础；第二，在所有国家中，这些劳务
实际上都是由公共团体或受官方控制的私人团体所提供，它们都是
免费提供或是按照公共标准收费；第三，这些劳务不能从国外进
口；第四，这些劳务所需要的投资具有技术上的不可分割性和较高
的资本—产出比。他将满足前三个条件的社会管理资本称为"广
义社会管理资本"，法律、秩序及教育、公共卫生、运输、通信、
动力、供水以及灌溉、排水系统等所有的公共服务都可以归到广义
社会管理资本中来。而第四个条件则将广义与狭义的社会管理资本
区分开来，排除了法律、秩序及教育、公共卫生等。

普鲁多姆（Prud' homme，2004）提交给世界银行的政策研究
报告中，对狭义的基础设施所具有的特征也进行了总结：第一，基

础设施是一种资本投入品；但是它本身单独并不能直接用于消费，而需要同其他资本投入品或者劳动投入品结合起来提供服务。它所提供的服务一般是资本密集型服务，并且具有一定规模经济的特征。第二，基础设施一般比较笨重，而且建设周期长。这意味着很难根据需求的波动随时调整其供给。只有基础设施的整个工程完全完成，其功能才能得到发挥。第三，基础设施一旦建成，则其使用时间也较长，一般为几十年甚至上百年。第四，基础设施的建设需要投入大量的固定成本，具有空间依存性。一旦一项基础设施投资在 A 地发生，则它很难被转移到 B 地；同时，一旦一项基础设施的投资已经发生，则很难将其用于其他用途。第五，基础设施的供给一般情况下是与一定的市场失灵相联系的，这种市场失灵或者产生于规模经济，或者产生于公共品性质。第六，基础设施既可以直接为居民提供服务，也可以为厂商提供服务，其中为厂商服务是作为生产过程中的一种投入物品。他根据各种不同的基础设施所提供的服务种类不同，将基础设施划分为以下几类，如表1—2所示。

表1—2　　世界银行以提供的服务项目种类定义的基础设施

服务项目	基础设施
交通	公路，桥梁，铁路，隧道，港口等
供水	大坝，蓄水池，水管等
水处理	下水管道，污水处理车间等
灌溉	大坝，水渠等
垃圾处理	垃圾箱，垃圾焚化炉等
供热	集中加热设备、供热管道等
电信服务	自动交换机，电缆等
能源	发电厂等，输电线，煤气管道等

资料来源：Prud'homme（2004），转引自张军等（2006）。

而在世界银行《1994 年世界发展报告：为发展提供基础设施》报告中对基础设施的定义也得到政策制定者的认同。报告将经济基础设施定义为永久性工程构筑、设备、设施和他们所提供的为居民所用和用于经济生产的服务。这些基础设施包括公用事业（电力、管道煤气、电信、供水、环境卫生设施和排污系统、固体废弃物的收集和处理系统），公共工程（大坝、灌渠和道路）以及其他交通部门（铁路、城市交通、海港、水运和机场）。报告认为基础设施两个重要特征是：技术比重特征（如规模经济）和经济特征（如使用者向非使用者的扩散）。

经济学文献中对"基础设施"定义和分类方法较为广泛接受的是舒尔茨（Schultz，1961）和贝克尔（Becker，1964）的观点，他们认为核心基础设施主要指交通和电力，其作用是增加物质资本和土地的生产力；而人文基础设施则主要包括卫生保健、教育等，其主要作用是提高劳动力的生产力。

然而，在实际研究中，考虑到数据的可获得性和研究的可比较性，往往采用基础设施中某些项目数据。按照文献的普遍做法（Aschauer，1989，1990；Leff，1984；Norton，1992；Randolph，Bogetic & Hefley，1996），本书的基础设施着重研究交通和通信设施。

基础设施可以从流量和存量两个方面来衡量。存量指标主要衡量各年度基础设施的现有水平，反映基础设施在过去积累起来的投资水平与发展状况；而流量指标指的是各年度对基础设施的投资水平。本书重点关注政府基础设施投入的政策倾向和基础设施投资的产出贡献，所以采用流量指标。

四 经济增长

经济增长是经济学研究中古老而又时髦的问题。经济学家一直关心的重要问题就是，世界上为什么一些国家富有而另一些国家贫穷？而罗马尔（Romar，2001）则认为，经济增长研究的是"为什么有的国家远远富于其他国家"，以及"如何解释真实收入随时间的大幅度提高"。

经济增长率也称经济增长速度，它是反映一定时期经济发展水平变化程度的动态指标。经济增长率是末期国民生产总值与基期国民生产总值的比较。以末期现行价格计算末期 GDP，得出的增长率是名义经济增长率。以不变价格（即基期价格）计算末期 GDP，得出的增长率是实际经济增长率。在量度经济增长时，一般都采用实际经济增长率。

从世界经济发展的历史看，尽管各国经济在长期都普遍存在增长趋势，但同时却呈现出惊人的差异。

第三节　研究方法及可能的创新

现有研究对于制度环境的衡量、制度研究的数理工具和制度对经济增长贡献的核算一直存在较大的争议；而关于基础设施对经济增长的贡献虽然有许多文献进行研究，但都遗漏了制度因素对政府基础设施投入和产出贡献的影响。本书尝试以规范的理论分析和实证分析相结合的方法，采用 Panel Data、博弈论和动态规划等研究工具，研究制度、基础设施与经济增长的关系。主要的创新点包括：第一，用 Panel Data 实证方法检验了政府基础设施投入的决定因素；第二，用动态博弈方法分析了制度因素对政府基础设施投入比重影响的内在机制，实现了青木昌彦（Aoki，2001）提出的博弈均衡制度观；第三，用动态规划模型和比较静态分析方法验证了制度因素对基础设施产出弹性、经济增长和最优税率的影响；第四，基于 Panel 单位根和 Granger 因果关系检验，用 Panel Data 实证方法验证了不同制度环境下基础设施的产出弹性，并分析了制度以及所包含的具体制度因素对经济增长的贡献；第五，用最优政府规模核算的理论和实证模型检验了由于制度质量不同导致最优政府规模和政府边际产出的差异。最后，在数据和指标方面，本书采用EFW指数更好的衡量了制度质量；采用基础设施投入占政府收入的比重更加直接的反映了政府基础设施投入政策倾向；考虑了基础设施作为公共品的拥挤效应而采用人均基础设施指标。以下对本书各个部分的方法和可能的创新点分别说明。

对于"世界各国基础设施投入的决定因素是什么？"这个问题，现有文献虽然从政治经济学角度进行了分析，但仍存在一些缺陷和尚未解决的问题：第一，虽然制度是影响经济绩效的重要因素，但是大部分文献只考虑影响基础设施的政治制度或民主自由度，而忽略了影响基础设施投入的经济制度环境。第二，对于分析政府基础设施投入政策，基础设施支出的绝对量并不能完全准确的反映政府的政策倾向，只有基础设施投入占政府总收入的比重大小才能更加直接反映政府基础设施投入的意愿，但是采用这种相对指标的文献较少。第三，许多文献都是对各个国家或地区相关变量的时序数据进行实证检验，这些时序数据存在国家间差异和时序数据不平稳问题。为克服上述问题，本书第三章采取如下措施：第一，采用制度变量EFW分析经济制度因素对基础设施投入的影响；第二，采用基础设施支出占政府税收总收入的比重作为衡量指标，更加直接的反映政府基础设施投入倾向。第三，在数据结构方面，采用Pannel Data的截面和时期固定效应模型反映了个体和时期差异问题；由于采用相对指标衡量，也避免了普遍存在的时序数据不平稳问题。

为进一步分析制度因素对政府基础设施投入影响的内在机制，本书第四章建立厂商和政府的动态博弈模型，设立政府的目标函数及其最优化过程，即厂商根据政府的税收政策和基础设施投入水平决定投资量，政府根据厂商的最优投资量决定税收政策和基础设施投入，由此产生的厂商和政府博弈均衡决定经济状况。通过均衡状态下政府基础设施投入比重分析，验证了制度因素对政府基础设施投入的影响。

对于"制度和基础设施影响经济增长的内在机制是什么？"这个问题，巴罗（Barro，1990）把公共部门引入具有规模报酬不变的"AK"生产函数中，建立了一个以政府支出为中心的内生增长模型，并得出一个最优财政支出规模。现有关于基础设施与经济增长的文献虽然进一步发展了 Barro 模型，但仍然存在以下几个问题：首先，现有模型隐含公共支出产出效应无效率损失的假设，而现实中公共支出对经济增长的贡献在很大程度上受制度环境的影响；其次，文献关于公共支出对经济增长的影响并没有统一的结论，而且对公共支出中选取的具体支出项目不同，得出的实证结果也不同；此外，文献普遍忽略了公共支出如基础设施作为公共品的拥挤效应。为此本书第五章在 Barro（1990）等人理论模型的基础上考虑了以下几点：第一，强调影响基础设施发挥作用的制度因素，将制度因素引入数理模型进行分析；第二，将公共支出项目具体化为对经济长期增长具有正效应的基础设施；第三，考虑了基础设施的拥挤效应，与部分文献人为设定拥挤程度指数不同，本书以人均基础设施进入函数，避免了拥挤指数值范围的讨论。

为了进一步核算制度因素对经济增长贡献，以及不同的制度环境下基础设施的产出弹性，虽然公共经济学和制度经济学从不同的角度进行了论证，但是缺乏在传统的新古典经济增长理论框架下引入这些因素的实证检验；而对基础设施与经济增长的关系的研究主要集中在基础设施与经济增长的因果关系、基础设施的经济增长弹性、最优基础设施投入等，并且仍然未得出统一的结论；新制度经济学虽然强调制度环境对经济增长的影响，但仍然难于区分具体制度因素对经济增长的直接和间接影响。本书第六章在通过 Panel 单位根和 Granger 因果关系检验的基础上，通过对 56 个国家 1985—1995 年的 Panel Data 数据实证研究，试图验证在不同制度环境下基础设施对经济增长的贡献。实证结果表明，制度和基础设施都与经济增长存在 Granger 因果关系；基础设施对经济增长贡献显著为正，其产出弹性受制度环境影响；制度环境不仅直接推动经济增长，同时还通过影响基础设施的产出从而间接影响经济增长。其中，"政府规模"和"使用稳健货币的权利"对基础设施的产出弹性产生显著正影响；"对信贷、劳动力和商业的管制"对基础设施的产出弹性影响显著为负；而"法律结构和产权保护"则对经济增长产生直接的显著正影响。

对于"如何核算不同制度环境下的最优政府规模?"这个问题，由于制度经济学家对制度概念的理解和应用不同，在实际研究中对于如何区分不同的制度并没有统一的标准，导致无法得到可比较的结论。另外，虽然经济学家认同政府支出对经济增长的影响重要性，并证明了存在一个最优政府规模①（Barro，1990；Karras，1993，1996），但是都没有考虑制度因素的影响。因此，为了核算不同制度条件下最优政府规模，以及不同的制度环境下政府产出弹性的差异，本书第七章通过世界经济自由指数（EFW）比较发现，英属殖民历史国家和西葡属殖民历史国家由于历史背景差别的路径依赖使得制度环境存在明显差异，因此可以将宗主国作为区分制度的代理变量，避免由于制度概念和制度衡量指标不同引起的结果差异。该部分以 Karras（1993，1996）最优政府规模实证模型为基

---

① 衡量政府规模的指标一般有行政机构的规模、公务员人数和政府支出占 GDP 的比重。本书指标采用文献中普遍采用的政府支出占 GDP 的比重。

础，通过对 41 个国家 1970—2003 年的面板数据研究验证了不同的制度条件下最优政府规模和政府支出产出弹性的区别，解决了最优政府规模核算研究中的制度因素的遗漏问题。

第四节　研究框架

本书由八章构成，可将其分为三大块：导言和背景部分、主体部分和结语部分。第一块包括第一章和第二章，是全书的介绍、背景分析和定性分析。其中第一章阐述本书所研究的问题、主要概念界定、方法和创新；第二章是文献综述，由此确定本书的出发点和特色之处。

主体部分包括第三、四、五、六、七章，是本书关键内容所在。主体部分各章之间相互之间存在一定的独立性，各自采用包括 Panel Data、博弈论、动态规划、比较静态分析等方法。虽然每章都有独立的论点，但是各个独立的章节之间又存在很强的内在联系，各部分自始至终都贯穿制度和基础设施的关系以及对经济增长的影响这条主线。而且，第三章、第四章对政府基础设施投入的决定因素研究是后文的前提和准备；第五章、第六章对制度和基础设施对经济增长贡献的研究分别从理论和实证上相互印证本书观点；而第七章关于最优政府规模和政府支出产出研究是对基础设施研究的进一步扩展。因此，主体部分的论证逻辑是：由第三章"政府基础设施投入决定因素"一般化的实证结论，进一步在第四章用动态博弈分析"制度因素对政府基础设施投入影响的内在机制"；第五章用动态规划数理模型论证"制度和基础设施影响经济增长的内在机制"，第六章用 Panel Data 实证验证"制度和基础设施对经济增长的贡献，以及核算不同制度环境下基础设施的产出弹性"；第七章将"基础设施"扩展为"政府支出"的研究，用最优政府规模数理和实证模型论证"制度对最优政府规模以及政府支出产出的影响"。

具体而言，第三章指出现有文献关于基础设施投入决定因素研究存在的问题，并提出相应解决方案。通过对 24 个国家 1982—1997 年的面板数据实证研究发现，制度质量较高的国家，政府基础设施投入占政府收入的比重较高；上期基础设施支出、就业率和政府财政赤字的增加也使政府更倾向于制定增加基础设施投入的政策；而城市化程度、人口密度和政府规模较高的国家，政府税收收入中的基础设施投入比重相对较低；政府主要根据国内经济特征制定基础设施投入政策，而不是根据对外经济贸易状况制定。

第四章根据第三章关于基础设施投入决定因素，特别是其中的制度因素实证结论，用理论模型进一步论证"制度因素如何影响政府收入对基础设施的投入比重"。通过建立厂商和政府的动态博弈模型，分析了制度因素如何对政府采取不同的基础设施投入倾向产生影响，从而用数理模型验证了关于制度因素对基础设施投入影响的实证结论。

在第三章实证和第四章理论分析了制度因素对政府基础设施投入的影响之后，第五章和第六章进一步从理论和实证角度分析不同的制度环境下基础设施的产出弹性，及其对经济增长的影响。

第五章建立包含制度因素的生产函数，通过动态规划和比较静态分析，讨论了制度、人均基础设施与经济增长的关系。通过研究发现，制度质量不同，资本的边际产品随人均资本积累变化的趋势不同；制度会通过影响人均资本产出弹性而影响基础设施对经济增长的贡献；而且最优税率的高低也取决于制度质量；经济增长的稳定状态也受制度因素影响，制度质量越高，均衡状态时的人均消费越大，所需人均资本投入越小。

为了进一步验证第五章关于制度、基础设施与经济增长关系的理论推论，本书第六章在通过 Panel 单位根和 Granger 因果关系检验的基础上，根据对 56 个国家 1985—1995 年的 panel data 实证研究验证了制度、基础设施与经济增长关系，以及不同的制度环境下基础设施对经济增长贡献的差异。实证结果表明，基础设施对经济增长贡献显著为正，其产出弹性受制度环境影响；制度因素不仅直接推动经济增长，同时还通过影响基础设施的产出从而间接影响经济增长。制度因素中，"政府规模"和"使用稳健货币的权利"对基础设施产出弹性有显著正影响；"对信贷、劳动力和商业的管制"对基础设施的产出弹性影响显著为负；而"法律结构和产权保护"对经济增长则产生直接的、显著的正效应。

　　第七章将基础设施的研究扩展为"制度对最优政府规模和政府支出产出弹性影响分析"，通过对具有不同殖民历史背景的 41 个国家 1970—2003 年的面板数据研究分析了制度与最优政府规模的关系，验证了制度质量影响政府支出的产出效应和最优政府规模，从而导致经济增长差异。这从制度和政府规模的角度解释了殖民历史国家经济增长差异的原因，并用实证结果支持了诺斯提出的宗主国制度影响殖民地政策的理论。

　　第八章是结语部分，包括本书的总结、不足之处和进一步研究的方向，具体的研究框架如图 1—7 所示。

本书研究背景、现实意义和理论意义、文献综述和研究框架 ——— 1.导论
2.文献综述 }导论、背景部分

世界各国基础设施投入差异产生的原因是什么？ ——— 3. 基础设施投入决定因素（实证研究）

制度因素如何影响各国政府对基础设施的投入？ ——— 4. 制度与政府基础设施投入（动态博弈模型）

制度和基础设施影响经济增长的内在机制是什么？ ——— 5. 制度、基础设施与经济增长的理论研究（动态规划模型）

如何核算制度对基础设施产出弹性的影响，及其对经济增长的贡献？ ——— 6. 制度、基础设施与经济增长的实证研究（实证研究）

如何核算不同制度环境下的最优政府规模？ ——— 7.制度与最优政府规模（理论与实证）

}主体部分

结论、进一步研究方向. ——— 8. 结论 }结论部分

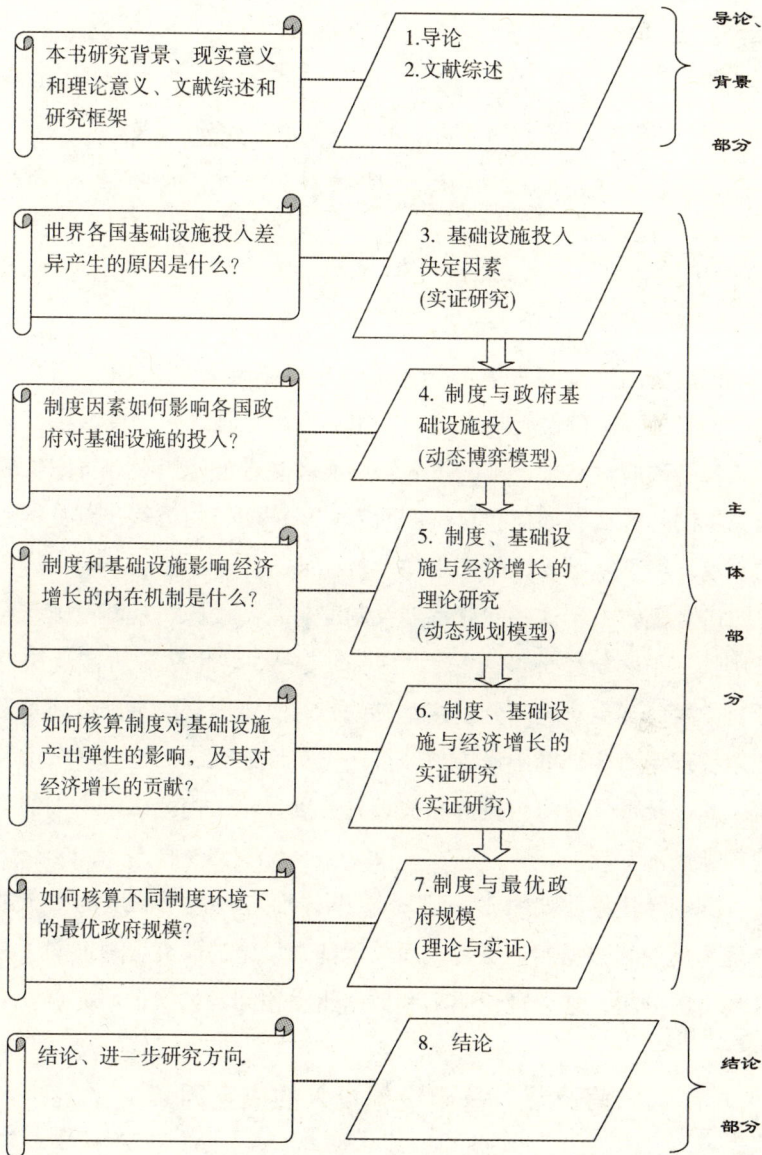

图1—7　全书的研究框架

第二章

文献综述

根据研究框架和主体部分的结构，本书需要解决以下几个问题：世界各国基础设施投入差异产生的原因是什么？制度因素如何影响各国政府对基础设施的投入？制度和基础设施影响经济增长的内在机制是什么？如何核算制度因素对经济增长的贡献，以及不同的制度环境下基础设施的产出弹性？如何核算不同制度环境下的最优政府规模？由于这些问题都涉及制度与基础设施、基础设施与经济增长、制度与经济增长三者之间的关系，因此针对所需解决问题，文献综述也对应的分别按基础设施的决定因素、基础设施与经济增长理论研究、基础设施与经济增长实证研究、制度与经济增长研究，以及最优政府规模的相关理论分别评论，由此确定本书的理论创新点。

文献综述思路如图 2—1 所示。总体而言，关于制度的文献缺乏理论模型和数据实证支持；而关于基础设施的研究普遍遗漏了制度环境的分析；缺乏理论驱动和数据驱动相结合的实证研究。

第一节　基础设施投入的决定因素

传统的经济学文献关于基础设施研究主要关注三个方面：分析基础设施与经济增长因果关系；计算基础设施的产出弹性；判断基础设施投入是否达到最优水平。正如张军等人（2006）指出，最

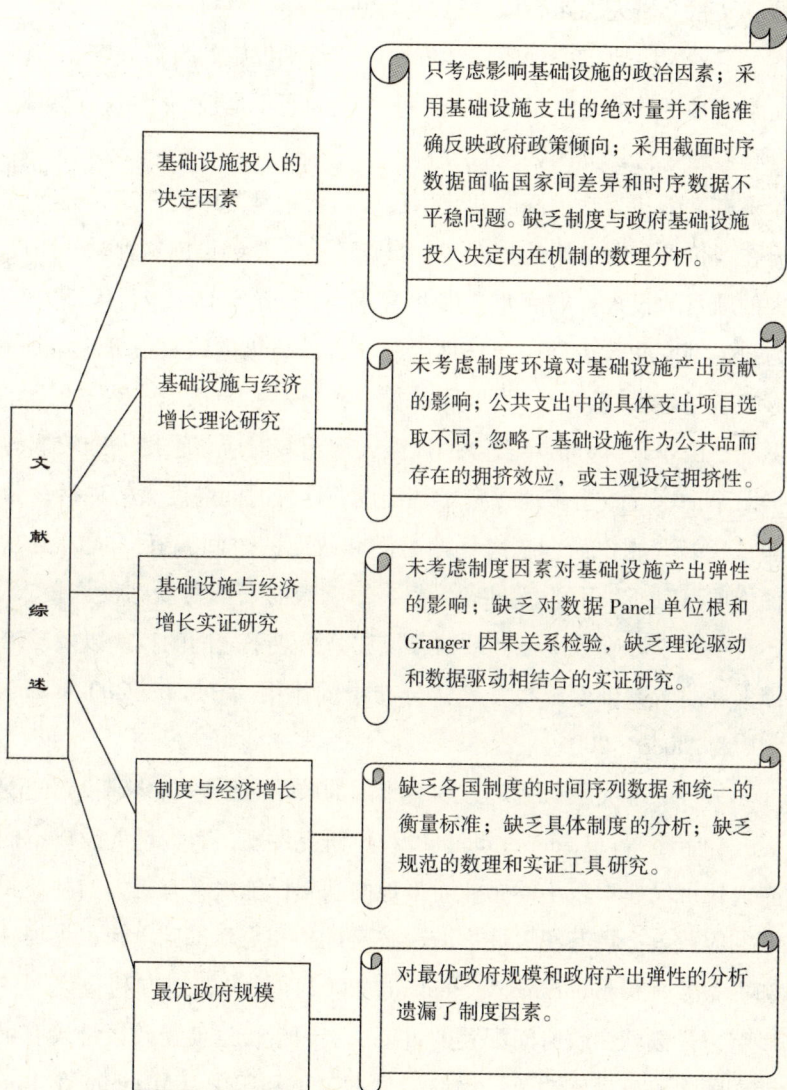

文献综述	基础设施投入的决定因素	只考虑影响基础设施的政治因素；采用基础设施支出的绝对量并不能准确反映政府政策倾向；采用截面时序数据面临国家间差异和时序数据不平稳问题。缺乏制度与政府基础设施投入决定内在机制的数理分析。
	基础设施与经济增长理论研究	未考虑制度环境对基础设施产出贡献的影响；公共支出中的具体支出项目选取不同；忽略了基础设施作为公共品而存在的拥挤效应，或主观设定拥挤性。
	基础设施与经济增长实证研究	未考虑制度因素对基础设施产出弹性的影响；缺乏对数据 Panel 单位根和 Granger 因果关系检验，缺乏理论驱动和数据驱动相结合的实证研究。
	制度与经济增长	缺乏各国制度的时间序列数据 和统一的衡量标准；缺乏具体制度的分析；缺乏规范的数理和实证工具研究。
	最优政府规模	对最优政府规模和政府产出弹性的分析遗漏了制度因素。

图 2—1　文献综述思路

近越来越多研究文献以政治经济学角度分析基础设施的决定因素，即解释这个内生于经济增长的基础设施"内生"过程是如何发生的。文献的研究思路有以下三个特点：

第一，主要以政治经济学方法研究基础设施的投资决定。这些文献大多把政策的制定看作是一个内生的而不是控制变量，设定政府官员最大化目标函数进行分析。

有文献认为政治制度和政治过程，特别是其中的任期时间和政府在评价项目时采用的折旧率，影响政府对基础设施这种时间跨度大的项目的投入：如克雷恩和奥克利（Crain & Oakley，1995）认为政治制度和政治过程（任期限制、公民的热情以及预算程序等）影响了基础设施建设；阿罗和林德（Arrow & Lind，1970）的研究发现，由于政府分散了公众的风险，因而政府应该采用一个较低的折旧率，这导致更多地投资于基础设施这种时间跨度大的项目；劳赫（1995）则认为，政府任期时间和政府的时间偏好（或者是在评价项目时所采用的折旧率）都会影响政府资源对基础设施投入。还有一些学者则分别强调政治环境和公平效率之间的权衡以及政治因素在决定基础设施投资地区分布中的作用（Henisz，2002；Castells & Albert，2005）。

另外一些文献认为地方利益集团的政治游说影响基础设施的配置：如卡多等（Cadot et al.，1999）研究发现，有大量沉没成本的企业比沉没成本较小的企业对当地的基础设施水平有更大的利益关系，因此就会更有积极性去游说政府维护和更新基础设施；克梅林和史蒂芬（Kemmerling & Stephan，2002）认为，地方利益集团的影响力是拨款在政府间配置的重要决定因素，这使得政策结果有可能显著地偏离最优情况；水谷（日本名）和田中（Mizutani & Tanaka，2005）也分析了政治游说等因素对公共基础设施投资的分布的影响。

还有文献尝试以基础设施决定中的策略性行为的角度进行研究：如格雷泽（Glazer，1989）的研究表明，在公共领域理性的投票人会由于承诺效应和效率效应造成更加偏好基础设施的投资，更多地投资于基础设施而不是短期的公共支出，这种扭曲是由于公共选择中的策略行为导致的次优结果。克雷恩和奥克利（1995）考虑了策略性的财政政策，即当期的投票者考虑后来的投票者可能做出的选择，对政府基础设施投资决策产生影响。

第二，重点研究基础设施的地区分布（Cadot et al. 1999；Kemmerling & Stephan，2002；Castells et al.，2005；Mizutani & Tanaka，2005）或国家间差异（Henisz，2002）。

第三，也有部分文献研究政府公共支出中基础设施的投入比重或公共支出投资倾向。如劳赫（1995）研究了美国在20世纪的前20年政府支出中用于道路和供水这些受益周期比较长的支出的比重。阿罗和林德（1970）则分析了导致更多地投资于基础设施这种时间跨度大的项目的原因。类似的，格雷泽（1989）也研究了更多地投资于基础设施而不是短期的公共支出的这种扭曲投资倾向的原因。

另外有重要影响的文献是兰多夫、波捷提克和赫史利（Randolph，Bogetic & Hefley，1996）使用1980—1986年涵盖27个落后和中等收入国家的数据研究基础设施投资的各种决定因素。文章除了考虑各种经济因素和民主自由度外，还考虑了政府目标对基础设施建设的影响。他们的结论是：无论是联邦政府还是中央政府，影响平均资本基础设施的最重要的三个因素是经济发展阶段、城市化率和劳动参与率。外国部门规模、城市移民率和现有基础设施存量也和基础设施支出正相关。而外国资金流量则与基础设施支出呈弱正相关关系。此外，人口密度越高，联邦政府基础设施支出越少，而中央政府则在开始时增加基础设施支出，并随人口密度升高而减少。中央政府基础设施支出和民主自由度正相关，而联邦政府则相反。预算赤字对中央政府基础设施支出没有影响，但和联邦政府赤字正相关。对于联邦政府，经济开放度与基础设施支出正相关，而与中央政府支出则没有关系。关于政府目标对基础设施支出的影响，如果政府没有特别制定"减少贫穷"目标，则不会增加基础设施建设，而特别强调"减少贫穷"目标的政府，由于采用提高人力资本的办法减少贫穷，因此也不会倾向基础设施建设。

现有文献虽然从政治经济学角度分析了基础设施的决定因素，但仍存在一些缺陷和尚未解决的三个问题：第一，虽然制度是影响经济绩效的重要因素，但是大部分文献只考虑影响基础设施的政治制度或民主自由度，而忽略了影响基础设施投入的经济制度环境。第二，对于分析政府基础设施投入政策，基础设施支出的绝对量并不能完全准确地反映政府的政策倾向，只有基础设施投入占政府总收入的比重大小才能更加直接反映政府基础设施投入的意愿，但是采用这种相对指标的文献较少。第三，许多文献都是对各个国家或地区相关变量的时序数据进行实证检验，这些时序数据存在国家间差异和时序数据不平稳问题。

为克服上述问题，本书第三章采取如下措施：第一，采用世界经济自由指数（EFW）作为经济制度指标，分析经济制度因素对基础设施投入的影响。正如格瓦特尼、劳森和伊斯特利（2006）指出，经济自由的关键构成要素是个人选择，自愿交换，竞争自由以及人身和财产权利的保护。如果制度和政策能够为自愿交换提供平台，能够保护人身和财产权利，使其免受侵犯者利用暴力、强制和欺骗等手段获取不属于他们的财产，那么这些制度和政策就与经济自由相一致。根据以上解释，EFW 指数作为制度质量的衡量标准是符合制度内涵的。特别是其中的"法律结构和产权保护"和"对信贷、劳动力和商业的管制"指标，更是直接代表了制度中的法律保护作用和政府的政策制度环境。事实上，已有相关文献以 EFW 指数作为衡量制度质量的指标（Dawson, John W., 1998;

Gwartney，James，Robert Lawson & Randall Holcombe，1999；Wu，Wenbo & Otto A. Davis，1999）。第二，采用基础设施支出占政府税收总收入的比重作为衡量指标，更加直接地反映政府基础设施投入倾向。第三，在数据结构方面，采用 Pannel Data 的截面和时期固定效应模型反映了个体和时期差异问题；由于采用相对指标衡量，也避免了普遍存在的时序数据不平稳问题。

另外，针对文献缺乏关于制度因素对政府基础设施投入影响的内在机制分析，本书第四章将用动态博弈模型对此进行深入分析。

第二节 基础设施与经济增长理论研究

阿罗和库尔兹（Kurz，1970）最早把公共资本存量[①]（public capital）纳入总量生产函数，随后巴罗（1990）把公共部门引入具有规模报酬不变的"AK"生产函数中，建立了包含政府公共开支的内生经济增长模型，并讨论了实现最高增长率的所得税税率。巴罗假定公共投资流量而不是公共资本存量进入总生产函数。他将由税收支持的政府公共支出纳入内生经济增长模型中的理由是，产出不仅与私人部门的物质资本水平有关，而且政府通过公共开支在基础设施、研究开发以及教育方面的投入也会对产出水平产生积极作用。由此得出的结论是，在科布—道格拉斯生产函数下，政府活动能够弥补分散化储蓄的不足并推高稳态增长率，从而建立了生产型政府支出与经济增长之间的联系。在此基础上，现有文献主要从以

[①] 在许多文献中，基础设施（infrastructure）、公共基础设施（public infrastructure）、公共部门资本（public sector capital）、公共资本（public capital）和公共支出（public expenditure）等概念互相通用或根据研究的需要限定范围。在概念上，公共资本（public capital）是相对于私人资本而言的，主要是指由政府投资形成的资本，两者共同构成了总资本存量。公共资本（尤其是生产性的公共资本）中重要的组成部分就是基础设施。

下几个方面进一步发展了 Barro 模型：

第一种思路考虑公共品的拥挤效应。巴罗（1995）认为考虑政府服务拥挤性的框架更加合适，因为很多政府性服务都要受到拥挤的限制。对于一个给定的总服务数量来说，个人能利用的数量随着其他使用者的涌入而下降，因此他认为诸如公路或供水及供电系统之类的公共服务来说，可以公共支出与产出之比 G/Y 进入生产函数之中。马树才和孙长清（2005）的研究也强调了公共品的拥挤效应，并在公共支出的产出弹性中引入拥挤指数 β 进入生产函数。而娄洪（2004）则设定公共支出与资本投入之比 G/K 作为其中的拥挤程度指数。

第二种思路是在复杂的经济增长模型中探究了基础设施的作用（Holtz - Eakin and Schwartz，1994），但是这些模型没有解释基础设施的具体作用。相反，通常是假设基础设施或公共资本是另一种单独的生产要素，并与私人物质资本一起直接进入总量生产函数。

第三种思路是把基础设施更直接地放在内生经济增长理论框架下并讨论了其具体作用。博黑斯、德米雷德斯和马姆尼斯（Bougheas，Demetriades & Mamuneas，2000）把基础设施作为节约成本的技术引入了罗默（Romer，1987）的内生增长模型中。他们证明，基础设施能够促进职业化和长期经济增长，但基础设施对长期经济增长的作用是非单调的。基础设施可视为一种能够降低中间投入品固定生产成本的技术，随着分工和中间投入品的数量的拓展，经济获得内生增长动力。但同时基础设施的投资需要减少用于生产最终物品的资源，因此基础设施对经济增长存在促进和抑制两种相反方向的作用，这两种力量的权衡导致了最终物品投入到基础设施建设的比重与经济的稳态增长率之间的关系是非单调性的。

第四种思路批评公共基础设施通过中性的方式将平均生产（成本）函数向上（下）移动的假设，而认为至少有一些公共基础设施既不在私人部门企业的直接控制之下，也不能被私人劳动和资本要素方便地替代。这类基础设施资本不应该被作为生产函数的一个独立投入而直接进入生产函数并决定私人产出。戴勒姆等（De-lorme，et. al，1999）认为基础设施的作用并不在于可以成为与资本、劳动力并列的一种生产要素，而是在于基础设施减少了私人经济中的总的技术低效率。

各个经济学流派对于基础设施也有不同看法。新古典经济学家认为基础设施作为公共支出的一部分，具有提高利率并挤出私人投资的效应。

发展经济学家罗斯托在 20 世纪 50 年代提出了经济成长阶段论，认为在经济发展的早期阶段，公共部门要为经济发展提供社会基础设施，如道路、运输系统、环境卫生系统、法律与秩序、健康与教育以及其他人力资本的投资等。基础设施投资对于经济发展由早期阶段进入起飞阶段和中期阶段的国家来说是必不可少的。在经济发展的中期阶段，政府投资还应继续进行，但这时政府投资只是对私人投资的补充。一旦经济进入成熟期，公共投资的重点将从基础设施转向教育、保健与福利的支出。

而新凯恩斯主义和内生增长理论家认为，基础设施可能通过提升私人资本回报率而具有挤入私人投资并促进经济增长的效应。从产出角度看，一方面，基础设施作为可以度量的最终产品将直接增加产出。例如，油气、水和电力就包含在国民账户计算时的相应产业部门的构成中，而交通和电信则包含在服务部门。另一方面，作为中间投入品，基础设施间接地提升了所有其他投入品的生产率。土地、劳动和物质资本的生产率都将因基础设施投资方便了商品的流通和能源的供给而提升。

但是，基础设施与经济增长之间的显著正相关关系是说明基础设施提升了私人的产出，还是私人产出的增加提升了对基础设施的需求（Eisner，1991；Holtz - Eakin，1994），这仍然存在较大争议。总的而言，现有基础设施与经济增长的理论分析未考虑制度环境对基础设施产出贡献的影响；对公共支出中选取的具体支出项目不同；忽略了基础设施作为公共品而存在的拥挤效应，或者主观设定拥挤程度。

第三节　基础设施与经济增长实证研究

关于基础设施对经济增长贡献的计算，大部分文献认同基础设施对经济增长有正的贡献，但实证结果差异较大。即使同样的样本数据，采用不同的研究方法，得出的结论差异很大。如霍尔兹·埃金（Holtz - eakin，1995b）、埃文斯和卡拉斯（Evans & Karas，1994a）、默姆·马伦和威廉（Moonaw Mullen & Williams，1995）、加西亚·米拉、麦圭尔和波特（Garcia - Mila，McGuire & Porter，1996）都采用穆纳尔（Munnell，1992）有关基础设施的数据，但是他们却得出基础设施产出弹性不显著的结论，原因主要是后来的研究者使用一阶差分或进行了单位根检验等处理。

如表2—1、表2—2、表2—3、表2—4所示，现有文献中使用柯布—道格拉斯生产函数（C - D生产函数）和对美国的研究成果最多，并分国家层次、地州（市）层次，还有一些国际比较研究。

阿绍尔（Aschauer，1989a，1989b，1989c，1993）使用美国1945—1985年的时间序列和横截面数据，研究了总生产率和政府支出（不包括国防支出）形成的资本的关系，展示了基础设施投资对经济发展的极端重要性。结果显示生产率的提高和政府支出用于公共设施的资本高度相关，尤其是核心基础设施包括高速公路、机场、运输、水、电等对生产率有很高的解释能力，估计的公共资本的产出弹性等于0.39。他认为该国1971—1985年全要素生产率下降的主要原因是公共资本增速降低，生产率先于生产率变动的基础设施投资的下降。他进一步将公共资本作为一个独立的要素加入科布—道格拉斯式的总量生产函数之中加以估计，结果发现：公共基础设施投资的边际生产率高出私人投资边际生产率3—4倍之多，商业部门对所谓公共核心基础设施（public core infrastructure）投资的产出弹性大约是0.4，这是私人投资的两倍。基础设施通过提高私人部门的生产率以及公共支出提高私人资本投资的回报率以此带动投资增长来实现。阿绍尔的研究表明，相对于消费而言，美国的投资尤其是公共基础设施投资严重地供给不足，这意味着资金应该从消费转到公共投资中去。这些基本结论被穆纳尔（1990）验证。

但同时也有许多学者认为这样的回报率是难以令人置信的（Aaron，1990；Schultze，1990），甚至有学者的研究结果显示基础设施的影响不显著，这导致对基础设施回报率和产出弹性的估计充满了争论。亚伦、胡尔滕和施瓦布（Aaron，1990，Hulten & Schwab，1991）发现公共资本的效应不强，基础设施资本对美国制造业分不同地区的 TFP 作用不明显；艾斯纳（1991）对美国的研究分析发现公共资本不具有统计上的显著性；埃文斯和卡拉斯（1994b）对 7 个 OECD 国家的分析结果也不显著。斯蒂芬（2001）利用德国大城市 1980 年、1986 年、1988 年的面板数据和 2SLS 回归，发现基础设施资本对城市经济产出的效应较弱，弹性只有0.082。Bonaglia 和费拉拉（Bonaglia & Ferrara，2000）利用意大利 1970—1994 年的地区数据，估计的弹性只有 0.071。而 Picci（2001）同样利用意大利 20 个地区 1970—1991 年的面板数据，得到的结果介于 0.08—0.43，而且其效应短期内明显，长期不明显。

造成结论较大差异的原因在于采用了千差万别的基础设施范畴、数据来源、生产函数的设定、估计技术，以及基础设施内生性的问题。具体而言，主要有如下几个原因：

第一，在基础设施范畴方面，有按照政府支出、公共资本、核心基础设施，以及具体基础设施，如交通、通信、教育、卫生等不同的支出项目作分析。有学者认为，基础设施的构成或种类不同，对经济增长的影响程度不同。如 Canning 和费怡（Canning，1999 & Fay，1993）证明核心基础设施如高速公路比非核心基础设施对经济增长的贡献要大。通过对 57 个国家 1960—1990 年的研究数据，采用变量对数形式，估计交通设施的产出弹性明显高于电力和电信。同样基础设施对高收入国家和低收入国家弹性差异很大。如交通设施对高收入国家弹性为 0.174，对低收入国家弹性为 0.050。还有研究认为基础设施投资只对经济活动进行分配，而不产生净产出的增加（Boarnet，1997；Chandra & Thompson，2000）。

第二，关于数据选取范围，最初的文献大部分是对美国或美国各地区基础设施的研究，随后陆续有学者对其他国家进行了研究（Berndt & Hansson，1992；Lynde & Richmond，1993；Otto & Voss，1996；Conrad & Seitz，1994；Feltenstein & Ha，1995；Shah，1992）。威利（Wylie，1996）的研究则用加拿大的经验与美国的估计结果作比较分析。作者发现，基础设施在加拿大比在美国发挥着更大的作用，原因在于加拿大的地理特征以及其经济对基础设施的需求。加拿大人口增长更快，而人口的密度较低，气候环境也与美国迥异，这些因素表明加拿大对基础设施的需求强度可能要高于美国，并放大了基础设施对产出和生产率的贡献。然而，考虑到这些研究所使用的方法不同，它们所得到的有关各个国家的结论就不能轻易地用于比较。于是，另外一些文献则尝试对全球国家、OECD国家，以及国家之间的比较研究，在同一个框架下研究公共资本的作用，发现国际间的系统性差异。德米雷德斯和马姆尼斯（2000）为对公共资本回报提供一个国际视角，运用有着丰富动态结构含义的跨期利润最大化框架，作者使用 12 个 OECD 国家的面板数据进行了联立方程的估计。他们假定生产者在公共资本给定的情况下使预期利润最大化，同时假定私人资本因有调整成本（用产出损失来衡量）而是半固定的（quasi - fixed）。这使得他们可以从三种不同的时间维度估计产出、就业和资本对公共资本的弹性：短期私人资本假定是固定的；中期私人资本开始调整；长期所有的私人资本都已经调整到最优水平。他们的结论是，对所有时期和所有国家公共基础设施资本对利润有显著的正影响。这意味着公共基础设施有节约成本的作用，而在一些条件下节约成本等价于利润的提高。具体而言，他们发现平均而言基础设施的短期回报很低，而长期回报很高，这意味着在大多数国家从短期来看基础设施供给过多，而从长期视角看，基础设施又供给太少。然而，在样本的后一时期，他们发现，样本中的所有国家长期投资不足的缺口不是已经不存在就是显著地缩小了。这些发现也与此前的国别研究结论基本一致。如勃兰特和汉森（Berndt & Hansson，1992）对瑞典的研究发现，瑞典公共基础设施资本供给过度；纳迪里和马姆尼斯（Nadiri & Mamuneas，1996）对美国的研究则发现美国高速公路的投资不足在 20 世纪 80 年代末得到显著的缓解。另外，他们对美国基础设施回报率的估计显著地低于阿绍尔的估计，1988 年总的公共资本回报率是 21.5%，这仅仅是阿绍尔的 1/6。

第三，关于实证模型的设定，大部分以 C - D 生产函数为基础，但也有采用超越对数生产函数、成本最小化函数等方法、行为方法等。如表 2—4 所示，生产函数法通常是将公共基础设施资本作为一种投入要素纳入总量生产函数，通过估算基础设施的产出弹性来研究其对经济增长和生产率提高的作用。行为方法根据企业利润最大化或成本最小化的行为，以成本函数和利润函数分析公共基础设施对经济增长的影响。横截面数据增长回归法借助横截面数据建立起基础设施与经济增长的关系。VAR 法（Vector Autoregressive Model，VAR）不过多拘泥于经济理论分析框架，而是有限数目的当期变量对变量自身和其他变量的滞后值进行回归，这意味着所有变量之间的关系是相互决定的（王任飞，王进杰，2006）。建立在用总量的时序数据估计柯布—道格拉斯生产函数的基础之上的方法一般会得到与阿绍尔相似的结论（Munnell，1990；Holtz – Eakin，1988）。然而，这种方法得到的结论被批评为"太好了而难以置信"（World Bank，1994）或者"太大了而不可信"（Munnell，1992）。不过，使用最为广泛的方法是在一个成本最小化的框架中考察投入和产出（Lynde & Richmond，1992；Morrison & Schwartz，1996；Nadiri & Mamuneas，1994）；另外一些研究则用超越对数（translog）生产函数形式代替柯布—道格拉斯生产函数，对公共资本效应的估计通常比阿绍尔研究的结果低得多（Nadiri & Mamuneas，1994）。其他的研究者使用了一阶差分的性质进行了估计，甚至发现社会资本有负效应（Evans & Karras，1994；Holtz – Eakin，1994；Tatom，1991）。埃文斯和卡拉斯（1994）以及霍尔兹·埃金（1994）指出，阿绍尔发现的高回报率反映的是收入增加导致政府活动有一个更高水平的程度，而不是反映基础设施对私人生产率的贡献。但是，霍尔兹·埃金（1994）认为，他们的文献使用的总量数据从而没有基础设施组成的贡献，因为可能只有一部分基础设施的作用是生产性的。

第四，数据结构上有横截面数据、时间序列数据和 panel data 面板数据，数据处理方面有采用水平变量、对数变量和一阶差分等。由于数据结构的不同导致在实证方法上有采用 panel data 的固定效应和随机效应，也有时间序列的一阶差分，误差修正等方法。

早期的基础设施实证研究由于使用了较为简单或不适当的研究方法或数据，其结果相对于后期研究就会出现差别。由于上述原因，现有研究得出的基础设施回报率和产出弹性的估计充满了争论。结果分别有基础设施经济增长效应显著或不显著、正效应或负效应、稳健或不稳健，具体到数值而言，从 0.03 到 0.58 相差几十倍之多。目前这些研究普遍存在以下几点问题：基础设施时间序列数据存在的不平稳问题，并缺乏在 Panel 条件下的单位根和 Granger 因果关系检验；基础设施范畴选取需要规范并具有可比性；需要解决基础设施作为公共品具有的拥挤效应问题。更为重要的是，现有文献普遍忽略了对不同制度条件对基础设施产出弹性的影响。

表 2—1　基础设施与经济增长研究文献归纳（以美国为研究对象）

文献	研究对象	年份与数据结构	函数与方法	产出弹性
Aaron（1990）	美国全国	1952—1985，时间序列	C – D 生产函数，自然对数和一阶差分	结果不稳健
Aschauer（1989A）	美国全国	1948—1987，时间序列	C – D 函数，TFP（total factor productivity）回归，CRS	0.36—0.39；0.37—0.41
Aschauer（1989a）	美国全国	1949—1973，时间序列	C – D 生产函数，自然对数形式变量	0.39
Aschauer（1990）	美国 50 个州	1965—1983，横截面平均	C – D 生产函数，自然对数形式	0.055—0.11
Batina（1999）	美国全国	时间序列	总生产函数，动态 OLS	显著
Benrnt and Hansson（1991）	美国全国，广义基础设施	1960—1988	广义列昂惕夫成本函数	0.06
Carlino and Voith（1992）	美国 48 个州，高速公路、教育支出	1963—1986，面板数据	CES 函数，fixed and random effect	0.22—1.00（高速公路）；教育重要
Costa et al.（1987）	美国 48 个州		超越对数函数，水平变量	0.19—0.26

文献	研究对象	年份与数据结构	函数与方法	产出弹性
Deno（1988）	美国 36 个标准都市，高速公路、给排水（根据各部门人口比例调整）	1970—1978	利润函数超越对数	0.08—0.5（利润增加弹性）；0.1—0.4（利润互补弹性）；0.11—0.4（资本互补弹性）
Duffy – deno and Eberts（1989）	美国标准统计都市区		对数形式	0.08
Duggall et al.（1999）	美国全国	1960—1989，时间序列	非线性函数（将技术进步看成是基础设施和时间趋势的）	0.27
Eberts（1986，1990）	美国 38 个都市区		超越对数函数，水平变量	0.03
Eberts（1988）	美国 38 个都市区制造业	1958—1978，横截面	超越对数函数，CRS（constant return of scale）	0.04
Eisner（1991）	美国各州	1970—1986，混合横截面数据；混合时间序列数据	C – D 函数，自然对数形式	0.17；不显著
Eisner（1994）	美国全国	1961—1991，时间序列	C – D 生产函数，自然对数形式	0.27
Evans and Karas（1994a）	美国 48 个州（采用 Munnell（1990）数据）	1970—1986	C – D 函数，fixed and random state effects，AR（1），异方差	不显著

续表

文献	研究对象	年份与数据结构	函数与方法	产出弹性
Fernald (1999)	美国，35 个部门，道路和高速	1948—1985，时间序列	TFP 增长	显著，解释生产率下降的部分原因
Ford and Poret (1991)	美国全国	1957—1989，时间序列	C－D 生产函数，自然对数的一阶差分	0.39—0.54
Garcia－Mila et al. (1996)	美国 48 个州［采用 Munnell（1990）数据］，基础设施资本积累	1970—1986	C－D 函数，一阶差分，fixed and state effects	不显著
Garcia－Mila and Mc Gire (1992)	美国 48 个州，高速公路、教育支出	1969—1983，面板数据	C－D 函数，time effect	0.04（高速公路）；教育重要
Garcia－mila and Mcguire (1988)	美国 48 个州	时间序列、横截面数据	C－D 函数	0.045—0.044（高速公路）；0.16—0.072（教育）
Garcia－Mila et al. (1992)	美国 48 个州	1969—1982，面板数据	C－D 生产函数，自然对数形式	0.04—0.05
Holtz－eakin (1992，1994)	美国 48 个州和 9 区域［采用 Munnell（1990）］	1969—1986，面板数据	C－D 函数 fixed and random state effects，time effects，IV 估计；自然对数形式	不显著
Holtz－eakin (1988)	美国全国		C－D 函数，对数形式变量	0.39
Hulten and Schwab (1991)	美国全国	1949—1985，时间序列	C－D 函数，自然对数和一阶差分	0.42；结果不稳健：分别 0.21 和不显著

文献	研究对象	年份与数据结构	函数与方法	产出弹性
Kelejian and Robinson（1997）	美国 48 个州［采用 Munnell（1990）数据］，基础设施资本积累	1970—1986	C－D 函数，空间对射（spatial correlation）	不显著
Lynder ＆ Richmond（1992）	美国，非金融商业部门，广义基础设施	1958—1989	成本函数超越对数	成本节约；-0.45—-0.49（劳动替代弹性）；0.71—0.90（其他资本互补弹性）
Moonaw and Williams（1991）	美国 48 个州，制造业	1959—1976，面板数据	TFP 增长	0.17
Moonaw Mullen and Williams（1995）	美国 48 个州［采用 Munnell（1990）数据］，基础设施资本积累	1970，1980，1986	超越对数	0.11；高速公路和供排水显著，其他不显著
Munnell（1990）	美国全国	1949—1987，时间序列	C－D 生产函数，自然对数形式	0.31—0.39
Munnell（1990a，b）	美国及 48 个州		C－D 函数，对数形式	0.34；0.15
Munnell（1993）	美国 48 个州，工业部门	1970—1990，面板数据	C－D 函数，自然对数形式	0.14—0.17
Munnell and Cook（1990）	美国 48 个州	1970—1986，混合横截面	C－D 生产函数，自然对数形式	0.15
Ram and Ramsey（1989）	美国全国	1949—1985，时间序列	C－D 生产函数，自然对数形式	0.24

续表

文献	研究对象	年份与数据结构	函数与方法	产出弹性
St urm and De Haan（1995）	美国全国	1949—1985，时间序列	C－D 生产函数，自然对数和一阶差分	非稳健；分别 0.41 和不显著
Tatom（1991）	美国，商业部门	1974—1987，时间序列	C－D 函数，自然对数的一阶差分，CRS	0.146；不显著

资料来源：Gramlich，Edward M.（1994）；Jan－Egbert Sturm，Gerard H. Kuper，Jakob de Haan（1998）；David Gillen（2000）；David Canning（2000）；Andreas Stephen（2001）；Ward Romp and Jakob de Haan（2005）；Munnell（1992）；Sturm（1998，pp. 52－53）；Andreas Stephan（2001）。

表 2—2　基础设施与经济增长研究文献归纳（以其他国家为研究对象）

文献	研究对象	年份与数据结构	函数与方法	产出弹性
Albala－Bert rand et al.（2004）	智利	1960—1998，时间序列	超越对数生产函数	不同时间区间结果不同
Bajo－Rubio et al.（1993）	西班牙全国	1964—1988，时间序列	C－D 生产函数，自然对数形式	0.19
Bernt and Hansson（1991）	瑞典，私人部门，核心基础设施	1960—1988	多要素成本函数	成本降低不显著，短期与劳动互补
Bonaglia et al.（2000）	意大利，区域	1970—1994，时间序列	C－D 生产函数	0.05，区域之间差别很大
Cadot et al.（1999）	法国，区域，交通基础设施	1985—1991，时间序列	生产函数和政策方程联立	0.10
Cadot et al.（2002）	法国，区域，交通基础设施	1985—1992，时间序列	C－D 生产函数和政策方程联立	0.08
Charlot and Schmitt（1999）	法国，区域	1982—1993，面板数据	C－D 生产函数和超越对数生产函数	0.3 和 0.4

续表

文献	研究对象	年份与数据结构	函数与方法	产出弹性
Christodoulakis (1993)	希腊，制造业	1963—1990，时间序列	C－D 函数，联合积分	0.27—0.42
Denny and Guiomand (1997)	爱尔兰，制造业	1951—1994，时间序列	C－D 函数，	0.92
Everaert and Heylen (2004)	比利时	1965—1996，时间序列	超越对数生产函数和一般均衡模型联立	0.31
Everaert and Heylen (2001)	比利时，公共资本积累	1953—1996	C－D 函数，多要素生产率，自然对数形式	0.29
Gillen (1998)	加拿大分省和全国 全部核心基础设施和高速公路	1961—1996	超越对数，线形对数	成本节约；－0.16（劳动替代弹性）；－0.17（资本互补弹性）
Hofmann (1995, 1996)	德国汉堡	1970—1992，时间序列	C－D 函数，一阶差分，误差修正	不显著
Lynder & Richmond (1993)	英国，制造业，广义基础设施	1966，1—1992，2	成本函数超越对数	0.2
Ligt hart (2002)	葡萄牙	1965—1995，时间序列	C－D 生产函数	正的显著效应
Mas et al. (1996)	西班牙 17 个地区		C－D 函数对数变量	0.08
Mera (1973)	日本 9 个地区	1954—1963，面板数据	对数 C－D 函数	0.12—0.50
Merriman (1990)	日本 9 个地区	1954—1963，面板数据	超越对数生产函数，水平值	0.43—0.58

续表

文献	研究对象	年份与数据结构	函数与方法	产出弹性
Picci（1995）	意大利 20 个地区	1970—1991，面板数据	C - D 函数，一阶差分	0.08—0.43
Prude - Homme（1996）	法国 21 个地区，交通运输基础设施	1970—1990，面板数据	C - D 函数，TFP 增长	0.08
Shah（1992）	墨西哥，制造业 26 个部门，广义基础设施根据部门产值比例调整		成本函数超越对数	成本节约；0.006（劳动互补弹性）；- 0.002（资本替代弹性）
Seitz（1992a）	西德，31 个工业部门公共道路系统	1970—1989	广义列昂惕夫成本函数	成本节约；- 0.0004（劳动替代弹性）；0.03—0.04（资本互补弹性）
Stephan（2003）	西德各地区，交通通信基础设施）	1970—1996	C - D 生产函数，一阶差分	0.38，对数形式 0.65
Toen - Gout and Jongeling（1994）	荷兰	时间序列	C - D 函数，自然对数差分形式	0.37
Wylie（1996）	加拿大	1946—1991，时间序列	超越对数生产函数，对数变量	0.11—0.52

资料来源：Gramlich, Edward M.（1994）；Jan - Egbert Sturm, Gerard H. Kuper, Jakob de Haan（1998）；David Gillen（2000）；David Canning（2000）；Andreas Stephen（2001）；Ward Romp and Jakob de Haan（2005）；Munnell（1992）；Sturm（1998，pp. 52 - 53）；Andreas Stephan（2001）。

表2—3　基础设施与经济增长研究文献归纳（以国际比较为研究对象）

文献	研究对象	年份与数据结构	函数与方法	产出弹性
Aschauer (1989B)	工业化7国	1966—1985；面板数据	C－D 函数；自然对数差分	0.34—0.73
Aschauer (1995)	12 个 OECD 国家［采用 FORD AND PORET (1991) 数据］	固定国家和时间效应面板数据	TFP 增长	0.33—0.55
Calderón and Servén (2002)	101 个国家，不同门类的基础设施	1960—1997；面板数据	C－D 生产函数	0.16
Canning (2000)	全球 57 个国家，不同门类的基础设施	1960—1990；面板数据	C－D 函数	0.144 （电话）, 0.035 （电力）0.028 （交通道路）
Canning and Bennat han (2000)	62 个国家，不同门类的基础设施	1960—1990；面板数据	C－D 函数	中低收入国家从基础设施中受益
Evans and Karas (1994b)	7 个 OECD 国家，公共资本	1963—1988；面板数据	C－D 函数；自然对数一阶差分	不显著
Ford, Poret (1991)	美国和 11 个 OECD 国家	时间序列，横截面	C－D 函数；TFP 回归，自然对数差分形式	1960 年后显著，部分国家显著，部分不显著
Kamps (2004a)	22 个 OECD 国家	1960—2001；各国时间序列和总体面板数据	C－D 生产函数	面板数据为 0.22，各国更大

续表

文献	研究对象	年份与数据结构	函数与方法	产出弹性
Nourzad／Vrieze（1995）	OECD 7 个国家	1963—1988；面板数据	C－D 函数；1 阶差分，随机效应	0.05
Shioji（2001）	美国各州和日本各地区	美国 1963—1993；日本 1955—1995（每隔5年）；	一般均衡模型，基础设施影响体现于 C－D 生产函数的技术进步项	0.10—0.15
Stephan（2000）	西德和法国各地区交通基础设施	德国 1970—1995；法国 1978—1992；	C－D 生产函数和超越对数生产函数	C－D 函数 0.11，Translog 共线性
Taylor－Lewis（1993）	工业化7国（采用 FORD AND PORET（1991）数据）		C－D 函数	不显著

资料来源：Gramlich, Edward M.（1994）；Jan－Egbert Sturm, Gerard H. Kuper, Jakob de Haan（1998）；David Gillen（2000）；David Canning（2000）；Andreas Stephen（2001）；Ward Romp and Jakob de Haan（2005）；Munnell（1992）；Sturm（1998, pp. 52－53）；Andreas Stephan（2001）。

表2—4 基础设施与经济增长关系实证研究所用方法

方法	所用数据	回归方程类型	特点
生产函数法	时间序列（面板数据）	单一方程（或多方程）	将基础设施资本纳入总量生产函数
行为方法	时间序列（面板数据）	单一方程（或多方程）	基于企业最优化行为，估计总量成本函数或利润函数
向量自回归法	时间序列（面板数据）	多方程	探讨变量之间的长期均衡关系，进行因果关系检验
横截面回归法	横截面数据	单一方程	借助横截面数据建立起基础设施与经济增长的关系

资料来源：王任飞、王进杰（2006）。

第四节　制度与经济增长

制度对经济增长的影响在近年得到广泛关注，新制度经济学家认为制度支配着公众及私人的行为，从而影响资源配置的效率，导致经济绩效的差异。拥有更好的制度和更加安全的产权保护导致更多的物质投资和人力资本投资，而且提高了这些要素的资本回报率（North & Thomas, 1976, North, 1981, Jones, 1981）。诺斯（1973）认为，有效率的经济组织是经济增长的关键；一个有效率的经济组织在西欧的发展正是西方兴起的关键。有效率的组织需要在制度上做出安排和确立所有权以便造成一种刺激，将个人的经济努力变成私人收益率接近社会收益率的活动。而在制度因素之中，财产关系的作用最为突出，无论是封建庄园制度的兴起和衰落，还是近代产业革命的发生，都与私人财产地位的变革有直接的关系。所有权不确定，私人经营的产业及其收入没有合法保障，或者说，如果没有制度的保证和提供个人经营的刺激，近代工业就发展不起来。诺斯（1993）还发现，政府对经济绩效有显著的影响，因为政府定义和实施经济规则。因此，发展政策的必要部分就是创造能够造就和实施有效产权的政府。

制度经济学家尝试用历史比较分析论证制度的差别对经济绩效的影响。诺斯和托马斯（North & Thomas, 1973）与诺斯（1981, 1990）通过历史分析论证了制度变迁对经济增长的决定作用。格雷夫（Greif, 1994）通过地中海地区马格里布（Maghribi）和热那亚（Genoa）的海外贸易的历史制度分析研究制度与经济增长的关系。诺斯、夏山和温加斯特（North, Summerhill & Weingast, 1998）认为，前英国殖民地比前法国、西班牙和葡萄牙殖民地更加繁荣，是因为它们继承了英国经济和政治制度。斯通、利维和瑞迪斯（Stone, Levy & Paredes, 2003）运用制度经济学方法，把巴西复杂的法律和管制环境的影响与智利进行比较，结果表明，制度在经济上关系重大，是在于制度对商业造成了实际成本（和利益）。施莱弗和维什尼（Shleifer & Vishny, 1998）和巴罗和麦卡利（Barro & Mccleary, 2002, 2003）强调法律和宗教传统对制度绩效的作用。

此外，有许多文献用实证结果验证了制度环境对经济增长的影响。南柯和科弗（1997）发现，在控制了教育、初始收入以及其他典型的与增长相关的变量后，ICRG 指数与经济增长的相关关系在标准的经济增长回归分析中是显著相关的。杨小凯和黄有光（1999）利用超边际分析方法论证了制度安排影响交易费用，交易费用决定分工水平，最终导致一个国家经济绩效的差异。斯卡利（1988）在分析了 115 个国家在 1960—1980 年的经济数据表明，政治开放、法律健全、具有明晰产权以及通过市场配置资源的国家实际人均 GDP 的增长率为 2.73%，而制度因素较差的国家增长率为 0.91%。科弗和雪莉（Keefer & Shirley, 2000）通过数理分析显示出一个经济增长或投资与"国际风险指标"（ICRG）显著正相关。随后科弗和雪莉（2003）通过跨国比较，发现在契约和产权的确定性（制度发展的一个衡量指标）方面得分高的国家比其他的国家更能在好的宏观经济政策下获得强劲的增长。萨拉·I. 马丁（Sala - I - Martin, 1997）指出，一个国家的法律规则与经济增长存在着密切的联系。巴罗（2001）的研究结果则表明，可靠的财产权利与强有力的法律是经济增长的主要因素之一。

虽然制度经济学家一致认为制度影响经济增长，但是，由于对制度概念的理解和应用不同，在实际研究中对于如何区分不同的制度并没有统一的标准，也缺乏可获得的各国制度质量的时间序列数据；忽略了各个具体制度对经济增长的直接影响和间接影响分析；

制度经济学仍然缺乏规范的数理模型和实证等研究工具以及分析方法，导致无法得到可比较的结论。

第五节　最优政府规模

经济增长理论中，以巴罗（1990）为代表的学者研究了政府支出与经济增长的关系。巴罗把公共部门引入具有规模报酬不变的"AK"生产函数中，建立了一个以政府支出为中心的内生增长模型。在此基础上，现有文献进一步发展实证分析财政支出、政府规模或公共财政与经济增长之间的关系（Levine & Renelt，1992；Hall & Jones，1997；Easterly & Rebelo，1993；Barro & Sala－I－Martin，1995）。

关于政府支出对经济增长贡献，不仅有正负影响的争论，而对于最优政府规模，也吸引了相关学者的关注。

巴罗（1990）从政府支出对经济增长正的贡献和政府支出来源税收的负影响两方面论证最优政府规模。他指出，按政府支出和税收衡量的政府规模的扩大会对经济增长产生双重效应：税收的增加降低了经济中的激励，从而降低了经济增长率；政府支出的增加提高了资本的边际生产率，从而提高了经济增长率。当一国政府规模较小时，正效应占主导地位，但政府规模较大时，负效应将占主导地位。因而，政府规模的扩大对经济增长的影响并不是线性的，也即存在政府最优规模。于是巴罗得出政府规模与经济增长之间存在着倒"U"关系的结论。

亚瓦斯（1998）则认为经济发展的不同阶段，政府支出的影响不同。他指出若经济的稳态水平较低，政府规模的扩大将会提高稳态的产出水平；若经济的稳态水平已经很高，则政府规模的扩大只会降低稳态的产出水平。他认为，造成这种非线性关系的主要原因在于：在经济稳态水平较低的不发达国家中，绝大部分政府支出用于兴建基础设施，而基础设施能极大地提高私人部门的生产率；而在经济稳态水平较高的发达国家，其基础设施已经比较完善，所以政府支出主要集中于社会福利项目上，而社会福利项目在促进私人部门生产率提高方面的作用显然要比基础设施项目弱。

阿米（Armey，1995）则明确提出了政府最优规模曲线。他指出：政府规模较小时，政府支出对产出的增强效应将占主导地位，此时政府规模的扩大将伴随着产出增加；但当政府规模达到某一临界点之后，产出的增强效应会递减，政府规模的进一步扩大就会阻碍产出增加。这意味着在该临界点（如图2—2的A点），政府支出的边际效应为零。

上述研究政府支出和经济增长之间关系的文献都认为两者之间的关系是非线性的，从而存在政府的最优规模。这一论断也得到实证检验的支持。维德和加拉韦（Vedder & Gallaway，1998）通过1947—1997年美国联邦政府支出和美国国内生产总值的数据拟合了Armey曲线，并估计美国联邦政府支出的最优规模为国内生产总值的17.45%。佩登（Peden，1991）估计美国政府最优规模为国内生产总值的20%。佩欣（Pevcin，2004）利用西欧12个国家37年的混合数据拟合了Armey曲线，得出这些国家的政府最优规模为国内生产总值的37%—46%。

值得强调的重要文献是，卡拉斯（1993）在巴罗（1990）模型基础上推导数理模型，并用实证方法分析了最优政府规模的判断方法。卡拉斯（1997）在对Barro法则修正的基础上证明了更一般的状况，将私人消费和政府消费进入生产函数，这时MPG=1成为最优政府消费边际产出MPG*的上限，而Barro法则成为一个特例。当假设政府服务和私人消费相比在消费者效用中所占的比例相对较小时，最优政府消费边际产出MPG*接近或等于1。卡拉斯

GDP增长率

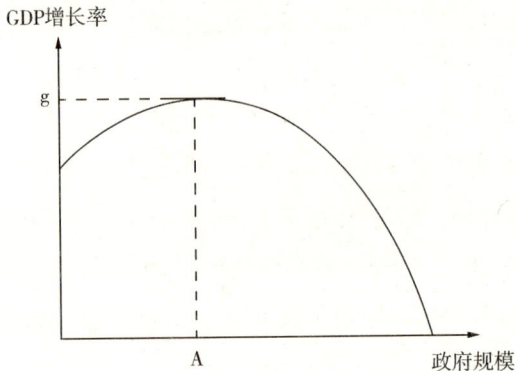

图2—2　Armey 最优政府规模曲线

（1996）还在静态框架下证明政府消费 G 最优时 MPG * = 1，并且在总额税和收入税的情况下分别证明，以此探讨了结论的稳健性。

　　虽然经济学家认同政府支出对经济增长的影响重要性，而且证明了存在一个最优政府规模，但是相关经典文献（Barro，1990；Karras，1993，1996）对最优政府规模和政府产出弹性的分析遗漏了制度因素。而卡拉斯（1993，1996）的研究只以地理位置或者收入水平对国家进行分类，也忽略了不同制度环境的区别。

第三章

基础设施投入的决定因素研究[①]

在采用最新面板单位根检验技术验证数据的平稳性基础上，本章通过对 24 个国家 1982—1997 年面板数据截面和时期双固定效应模型的研究发现，制度质量较高的国家，政府基础设施投入占政府收入的比重较高；上期基础设施支出、就业率和政府财政赤字的增加使政府更倾向于制定增加基础设施投入的政策；而城市化程度、人口密度和政府规模较高的国家，政府税收收入中的基础设施投入比重相对较低；政府主要根据国内经济特征制定基础设施投入政策，而不是根据对外经济贸易状况制定。本章的分析方法和跨国经验研究对中国基础设施地区差异分析有较强的参考意义。

第一节 引言

经济学文献对于基础设施的研究主要关注基础设施与经济增长的因果关系、基础设施的产出弹性和基础设施投入是否达到最优水平。许多文献认为基础设施（如道路、通信设施）能降低生产成本、创造新的市场、降低交易成本和刺激私人投资，从而对经济增长有重要促进作用（Heller & Diamond, 1990; Kessides, 1993a, b; World Bank, 1994）。虽然基础设施如此重要，但是现实中许多

---

① 本章主要内容已以本书作者为第一作者发表于《世界经济》2009 年第 3 期。

发展中国家的基础设施却低于最优值（Cardoso，1993；Canning &
Fay，1993）。那么，基础设施投入究竟由哪些因素决定？影响政府
公共支出中基础设施投入倾向的因素有哪些？

对此最近越来越多的研究以政治经济学角度分析基础设施的决
定因素，即解释这个内生于经济增长的基础设施"内生"过程是
如何发生的（张军，2006）。文献的研究思路有以下三个特点：第
一，以政治经济学方法研究基础设施投资决定，即把政策的制定看
作是一个内生变量，设定政府官员最大化目标函数进行分析
（Crain & Oakley，1995；Arrow & Lind，1970；Rauch，1995；Hen-
isz，2002；Castells & Albert，2005；Cadot et al.，1999；Kemmer-
ling & Stephan，2002；Mizutani & Tanaka，2005；Glazer，1989）。
第二，重点研究基础设施的地区分布或国家间差异（Cadot et
al. 1999；Kemmerling & Stephan，2002；Castells et al.，2005；Mi-
zutani & Tanaka，2005；Henisz，2002）。第三，也有部分文献研究
政府公共支出中基础设施的投入比重或公共支出投资倾向（Ran-
dolph et al.，1996）。

但是，相关研究仍存在一些缺陷和尚未解决的问题：第一，制
度是影响经济绩效的重要因素，但是相关文献只考虑影响基础设施
的政治制度或民主自由度，而忽略了影响基础设施投入的经济制度
环境。第二，文献采用基础设施支出的绝对量来分析政府基础设施
投入政策，但是较大的基础设施投入绝对量可能是较大的政府规模
引起的，只有基础设施投入占政府总收入的比重大小才能更加直接
反映政府基础设施投入的意愿。第三，相关检验都是基于各个国家
的横截面数据或者变量的时序数据结构，前者忽略了国家间横截面
差异以及异方差问题，可能得到有偏的结果，后者往往存在数据非
平稳问题，如果不经过单位根检验直接建模，很容易导致伪回归，
因此其结论受到较多的批评。

为克服上述问题，本章采取如下措施：第一，采用世界经济自由指数（EFW）作为经济制度指标，EFW 指数由五个主要领域组成：（1）政府规模：公共支出，税收和公共企业；（2）法律结构和产权保护；（3）使用稳健货币的权利；（4）国际贸易的自由度；（5）对信贷，劳动力和商业的管制。分析经济制度因素对基础设施投入的影响。EFW 指数作为衡量制度质量的标准符合制度经济学对制度的定义，特别是其中的"法律结构和产权保护"和"对信贷，劳动力和商业的管制"指标，更是直接代表了制度中的法律保护作用和政府的政策制度环境。事实上，已有制度经济学文献以 EFW 指数作为衡量制度质量的指标（Dawson，1998；Gwartney et al.，1999；Wu & Davis，1999）。第二，采用基础设施支出占政府税收总收入的比重作为衡量指标，更加直接地反映政府基础设施投入倾向。第三，在数据结构方面，采用面板数据的截面和时期固定效应模型反映了个体和时期差异问题；通过面板单位根检验，并基于平稳面板数据进行分析，从而避免非平稳数据导致的伪回归。

本章其余部分安排如下：第二部分为模型与数据说明；第三部分分析基础设施投入的决定因素，第四部分小结。

第二节 模型与数据说明

一 变量设定与数据说明

经济学文献中，对"基础设施"广泛接受的一种定义和分类方法是舒尔茨（1961）和贝克尔（1964）的观点，他们认为核心基础设施主要指交通和电力，其作用是增加物质资本和土地的生产力；而人文基础设施主要包括卫生保健、教育等，其主要作用是提高劳动力的生产力。但是，在实际研究中，考虑到数据的可获得性和研究的可比较性，往往选取基础设施中某些项目。按照文献的普遍做法，本章着重研究基础设施中的交通和通信设施（Aschauer，1989、1990；Leff，1984；Norton，1992；Randolph et al.，1996）。

基础设施可以从流量和存量两个方面来衡量：存量指标主要衡量各年度基础设施的现有水平和积累状况，而流量指标指各年度基础设施的投资量。本章重点关注政府基础设施的政策倾向，即政府税收收入中基础设施的投入比重，所以采用流量指标。

本章在兰多夫等人（1996）模型基础上设定变量和建立模型，因此有必要对其主要思想进行说明。兰多夫等人（1996）的研究基于四部门一般均衡模型分析框架，四部门包括城市家庭、城市厂商、农村家庭和单一政府。

城市家庭的问题是效用最大化，即在税后工资扣除购买商品和居住空间费用和相关税收的可支配收入约束条件下，决定国内商品消费 x 和居住空间 s_r，以及有效劳动提供，以求得效用最大化：

$$Max\ U(x,s_r;G) + \mu\{(1-t_w)w\lambda h[x,s_r;(T+T)] - (1+t_x)p_x x - (1+t_s)p_{sr}s_r\} \tag{1}$$

其中，x 和 s_r 是国内商品消费和居住空间，G 为消费型公共品，他们都为家庭提供效用 U；同时 x 和 s_r 通过劳动力提高函数 h[x，s_r；（T+T）] 和劳动单位 λ 对劳动力 1 有贡献；每单位劳动力获得市场工资 w。公共支出中的人力资源培训是累积的，即当期劳动力效率取决于当期人力资本开支 T 和人力资本存量 T。其他对家庭产生影响的公共政策包括工资税 t_w，国内商品消费税 t_x，居住空间税 t_s。国内商品和居住空间的市场价格 p_x 和 p_{sr}。μ 是拉格朗日乘数。

城市厂商的问题是利润最大化，即商品销售收入扣除工资、厂房和利率等成本后的利润最大化：

$$Max\ \prod(l,s_n,k;I) = p_x x[l,s_n,k;(I+I)] - wl - (1+t_s)p_{sn}s_n - rk \tag{2}$$

其中，l、s_n、k 分别是厂商的劳动力、非居住空间和私人资本的投入，商品产出 x 不仅取决于这三种要素私人投入，还取决于当期公共支出在基础设施方面的投入 I 和基础设施存量 I。通过生产函数 x [l, s_n, k; (I+I)] 厂商的产出 x 随基础设施投入而提高。工资税和消费税并不进入厂商利润函数，但在一般均衡模型中会影响商品价格 p_x 和工资 w。提供给厂商的私人资本利率为 r。基础设施 I 和居住空间的产权税 t_s 等公共政策工具直接影响生产决定。

假设政府最大化问题是在各种税收收入扣除公共支出的约束条件下，追求政府目标最大化：

$$Max\Omega(I,T,G,t_w,t_s,t_x) + \varphi\{N_u[t_wwl^* + t_xp_xx^* + t_sp_{sr}s_r^*] +$$
$$N_ft_sp_{sn}s_n^* + M + D + E - A_r - I - T - G\} \qquad (3)$$

其中，Ω 是政府的一般化目标函数，φ 是拉格朗日乘数，M 是各种除了工资税、销售税和产权税收之外的政府收益，D 是当期赤字，E 是外部援助水平，A_r 农村公共援助，l^*、x^*、s_r^*、s_n^* 来自家庭和厂商行为函数的最优选择。N_u 是城市家庭数目，N_f 是城市厂商数目。

模型的一般均衡包括三个主体（家庭、厂商和政府部门）的最优选择和三个市场（国内商品、城市劳动力、城市居住空间）的出清。该模型用于解出最优公共支出如基础设施、人力资源培训支出和消费型公共品以及最优工资税、产品税和产权税。但出于该研究目标考虑，文章只关注基础设施支出的解 I，因此认为基础设施支出取决于三组变量：

$$I = I(V,E,O) \qquad (4)$$

其中，V 是经济特征变量；（其中一部分特征由理论模型决定，另一部分增加的控制变量则根据文献对于影响基础设施支出的假设，包括基础设施存量、人口密度、城市化程度、城乡差异、就业率，以及经济发展水平、政府预算赤字、贸易赤字、政府规模、贸易增长、债务和制度发展）。E 是外国基金援助；O 是政府目标倾向，假设所有政府都强调经济增长，但这些政府对于消灭贫穷的目标相互间有差异。

值得注意的是，兰多夫等人（1996）理论框架和模型存在以下几个问题需要改进：第一，该文献研究的是基础设施绝对支出，为了更加直接地反映政府的基础设施投入倾向，本章将采用基础设施支出占政府税收总收入的比重作为政府政策倾向的衡量指标。因此被解释变量：政府基础设施投入比重 = 政府基础设施的支出/总税收收入。第二，该文献是世界银行专门针对发展中国家的政策分析报告，主要结合发展中国家经济的实际设定模型，如强调发展中国家普遍存在的外部基金援助，以及发展中国家面临的消灭贫穷的政府目标；而本章强调基于国际比较的政府基础设施投入倾向的规律研究，并不侧重发展中国家，在模型设定中将考虑这个因素。第三，文献对于制度发展指标的衡量，采用政治制度，而本章将强调经济制度环境的影响。第四，数据结构和分析方法上，由于当时研究方法的不足，该文献对横截面数据采取简单 OLS 方法，一方面忽略了国家间横截面差异导致有偏的结果，另一方面未对时间序列进行单位根检验而直接回归，得出的结论并不可靠。

因此，本章对该模型和分析方法进行改进，结合基础设施投入比重影响因素的经济学经验，通过最新的 Panel 单位根检验和模型设定检验建立方程，重点考察影响基础设施投入的国内经济状况、对外经济贸易状况和制度环境因素，采用的解释变量有：

1. 国内经济特征变量

上期基础设施支出 [GINF（-1）]：一方面，由于规模报酬递减，上期基础设施支出越高，新投入的基础设施支出边际产出越低，因此政府会降低本期基础设施投入；另一方面，上期基础设施支出越高，所需后续的弥补折旧的支出越高，而之前较高的基础设施支出反映了基础设施和现存经济生产结构存在较高的互补性，因此需要较高的基础设施投入。两种相反方向的影响使得上期基础设施支出对本期基础设施投入比重的影响不确定，最终结果取决于两种相反方向影响的强度。

人口密度（DENS）：一方面，人口密度低的地区需要更多的基础设施投入，比如连接两户人家的电话线更长，这反映了人口密度与基础设施投入比重成负相关关系；另一方面，人口密度不高时，下水道和医疗等设施的投入可能并不需要，从而降低了基础设施投入，而且规模经济因素使得人口密度更大的国家会有一个更高的最优基础设施的水平，从这个角度看人口密度与基础设施投入比重正相关。所以人口密度与基础设施投入比重的关系不确定。该变量用每平方公里人口数表示。

城市化水平（URBAN）：如果作为公共品的基础设施的"非竞争性"显著，那么，随着总人口中城市人口增加，所需基础设施投入相对更低。但也存在相反方向的影响，城市人口更倾向于由政府提供基础设施，而农村往往自己修建公路。考虑到通常存在的城市倾向和城市基础设施具有较高的产出效应，那么城市化高会提高基础设施的投入比重。因此城市化水平对政府基础设施投入比重的影响方向不确定。该变量用城市人口占总人口比重表示。

城乡结构（MIG）：通常认为城乡差别会影响农村向城市的迁移率，政府由于城市迁移人口增加而产生提供城市服务的压力，包括基础设施提供。另外，政府会通过增加基础设施投资来提升农业生产率，从而限制人口向城市的迁移。这些都意味着城乡差距越大，基础设施投入比重应该越高。该变量用人口迁移率，即城市人口增长率与总人口增长率之差表示。

就业率（LABOR）：就业率和公共基础设施投入比重的关系取决于劳动力和基础设施投资之间是互补关系还是替代关系。如果互补关系，就业率与基础设施投入比重正相关，反之负相关。另外，不同种类的劳动力和基础设施之间的关系也不同。因此检验结果反映的是净效应。该变量用就业人数与总人数之比表示。

经济发展阶段（GDPPC）：兰多夫等人（1996）认为，基础设施通常都是正常品，因此随着经济不断增长，对基础设施的需求也逐渐增长（即使这种增长速度减缓）。而且随着经济发展带来的产业升级也会提升基础设施投资的回报率，比如经济发展带来工业化，而在工业中的基础设施产出大于农业，他们认为从这个角度分析基础设施需求也随经济增长而增长。由于本章的因变量采用的是基础设施投入占政府税收收入的比重，随着经济增长，因变量的分母——政府税收收入也随之增长，可能会与基础设施的增长相互抵消，使得基础设施投入比重与经济发展的关系不确定。该变量用人均 GDP 的增长率表示。

国内财政平衡（INFLA）：较高的财政赤字使得政府减少支出，包括政府当期基础设施投入和维护支出，同时政府为了弥补赤字必须增加税收收入，这将导致基础设施投入占政府税收收入的比重降低。但是，由于财政赤字引起投资环境不确定，也会使得政府选择增加基础设施投入抵消这种影响或者以此刺激私人投资。因此，国内财政平衡与基础设施投入比重关系不确定。按照文献通常的做法，该变量用通货膨胀率（GDP 平减指数）表示。

政府干预经济程度（GOV）：政府规模越大，则基础设施投入越多，但要达到较大的政府规模，则税收收入较高，因此政府干预经济程度与基础设施投入比重关系有待检验。该变量用政府消费占 GDP 比重表示。

2. 对外经济贸易指标

国际账户平衡（EXBL）：一方面，国际账户赤字使得政府为了平衡账户将减少支出，包括基础设施支出；另一方面，国际账户赤字促使政府为了促进出口而增加基础设施投入。因此，国际账户平衡与基础设施投入比重之间的关系不明确。该变量用进出口之差占 GDP 比重表示。

对外部门的规模（TRADE）：在大部分国家特别是在发展中国家，进出口是税收的重要来源，因此对外部门规模越大，则政府税收收入越高，越有能力进行基础设施投入，但同时税收收入增加也降低了基础设施占政府收入的比重，因此对外部门规模与基础设施投入比重的关系不明确。该变量用进出口之和占 GDP 比重表示。

贸易增长率［D（TRADE）］：贸易增长会提高政府的税收能力，从而增加基础设施投入。同时贸易增加引起税收收入增加，也会使得基础设施占政府收入的比重由于分母增大而相对减少，因此对外部门规模与基础设施投入比重的关系不明确。该变量用进出口之和占 GDP 比重的增长率表示。

外国直接投资（FDI）：FDI 增加，则政府需要提高基础设施比重，而且有一部分 FDI 本身直接投资基础设施。同时 FDI 引起税收收入增加，也会使得基础设施占政府收入的比重由于分母增大而相对减少，因此对外部门规模与基础设施投入比重的关系不明确。该变量用 FDI 占 GDP 比重表示。

3. 制度环境

制度（EFW）：在 Randolph 等人（1996）的研究中，认为民主自由度代表的政治制度与基础设施支出的关系并不明确。他们发现，一方面，较完善的制度降低了交易费用，从而增加了私人供给基础设施的可能性，政府提供的基础设施投入相对减少；另一方面，制度的完善促进了私人经济发展，提高了基础设施的边际产出，从而增加了对基础设施的需求，政治制度与基础设施支出关系不明确。但是，该研究采用的时间序列数据容易忽略国别之间差异，往往会由于数据非平稳导致伪回归。另外，该研究采用政治制度而忽略了更为重要的经济制度的影响。事实上，各国经济统计数据表明经济制度与基础设施的投入存在显著的关系（Gwartney et. al，2007）：制度衡量标准 EFW 指数越高，则电话拥有量、公共自来水设施、公共卫生设施等基础设施建设程度越好；EFW 指数较高的国家的基础设施显著高于 EFW 指数较低的国家。EFW 排名在前 1/4 的国家电话登记数为 1320.7 部/千人，而排名最后 1/4 的国家则为 329.2 部/千人；相应的，能获得可饮用水的人口比例分别是 99.2% 和 72.7%；能享受卫生设施服务的人口比例分别是 97.5% 和 53.5%。因此有必要进一步验证制度对基础设施投入的影响。

根据以上分析，初步设定模型为：

$$INFRA_{it} = C + \eta_i + \eta_t + \beta_1 GINF(-1)_{it} + \beta_2 DENS_{it} + \beta_3 URBAN_{it}$$
$$+ \beta_4 MIG_{it} + \beta_5 LABOR_{it} + \beta_6 GDPPC_{it} + \beta_7 INFLA_{it} + \beta_8 EXBL_{it} +$$
$$\beta_9 TRADE_{it} + \beta_{10} D(TRADE)_{it} + \beta_{11} FDI_{it} + \beta_{12} GOV_{it} + \beta_{13} EFW_{it} + \mu_{it}$$

$$(5)$$

各个变量含义、计算方法和数据来源见表 3—1。

表 3—1 变量说明

变量	含义	计算方法	数据来源
INFRA	基础设施投入比重	基础设施（交通和通信支出）/政府税收收入	政府财政统计年报（IMF 各年度报告）
GINF（-1）	上期基础设施支出		政府财政统计年报（IMF 各年度报告）
DENS	人口密度	人口/国土面积	世界发展指数（WDI）（世界银行各年度报告）
URBAN	城市化程度	城市人口/总人口	WDI
MIG	人口迁移率	城市人口增长率 - 总人口增长率	WDI

续表

变量	含义	计算方法	数据来源
LABOR	就业率	就业人数/总人口	WDI
GDPPC	人均 GDP 增长率	D（GDP/总人口）	WDI
INFL	通货膨胀	GDP 平减指数	WDI
EXBL	贸易顺差	（出口－进口）/GDP	WDI
TRADE	贸易量	（出口＋进口）/GDP	WDI
D（TRADE）	贸易增长率	D［（出口＋进口）/GDP]	WDI
FDI	净 FDI	FDI/GDP	WDI
GOV	政府规模	政府消费支出/GDP	WDI
EFW	制度	世界经济自由指数	弗雷泽研究所（The Fraser Institute）各年度报告

二　Panel 单位根检验

本章将基于面板单位根检验，结合经济理论，并根据面板数据模型的设定方法建立较为合理的检验方程。

本章采用面板数据方法与现有文献相比具有较强的计量技术优势，因为面板数据可同时将变量的横截面数据与时间序列数据的信息加入，能够从时间和截面构成的二维空间来反映数据的变化规律，从而增加样本量和检测的自由度，减少回归变量之间的共线性程度、提高参数估计的有效性、提高预测精度和消去测量误差的影响。此外，面板数据能够控制个体的异质性，以及个体在时间或地区分布中存在着常数的变量的情况，通过设定和检验各种复杂的行为模型而使得研究者得以分析在传统时间序列中无法考察的重要的经济问题。如果只是简单地使用时间序列和横截面数据进行分析就可能得到有偏的结果（Hsiao，2003；et al.）。但是，如果按照现有大部分面板数据研究直接建模，则有可能因为面板数据的时间序列非平稳而导致伪回归。这是因为许多宏观经济时间序列数据都呈现非稳定单位根过程的特征，长期时间序列分析可能出现结构突变。面板数据具有时间维度，同样存在类似问题，特别是时间维度较长时，更有必要进行面板数据的单位根检验。因此，对于本章数据，首先必须进行单位根检验。

本章采用 LLC（Levin et al.，2002）、Fisher – ADF（Maddala and Wu，1999）和 Fisher – PP（Choi，2001）方法，并对照 Breitung（2000）方法的结果检验单位根。

单位根检验结果如表3—2所示，无论采用哪种方法，24个国家1982—1997年各个变量绝大多数都以1%的显著性水平拒绝单位根的原假设：其中 LLC 方法的检验结果中，14个变量中13个变量都显著拒绝单位根的原假设，其中12个变量都以1%的显著性水平拒绝。虽然 EFW 受数据来源限制影响，但也以10%的显著性水平拒绝原假设。虽然 FDI 未通过检验，但其他三种方法 Breitung、Fisher – ADF 和 Fisher – PP 方法对 FDI 检验显示都显著拒绝单位根原假设；Fisher – ADF 和 Fisher – PP 方法的检验结果显示绝大部分都以1%的显著性水平拒绝单位根的原假设，这也验证了 LLC 方法的检验结果。

由于 LLC 和 Breitung 的原假设存在共同单位根，而 Fisher – ADF 和 Fisher – PP 方法的原假设存在个体单位根，因此检验结果表明，绝大部分变量既不存在共同单位根，也不存在个体单位根，都是平稳序列。LABOR 未能显著拒绝共同单位根的原假设，但显著拒绝个体单位根的原假设；EFW 未能显著拒绝个体单位根的原假设，但显著拒绝共同单位根的原假设。

因此，根据面板数据四种单位根方法检验结果，结合各个变量增长率的经济含义和特征，可以判断各变量是平稳序列。对于极少数变量的四种检验无法得到完全一致的结论，这种情况在单位根检验文献中较为普遍，一方面由于采用的检验方法不同，另一方面也受限于本章的数据影响。本章采用的是 1982—1997 年 16 年的数据，时期的跨度太短。对于 EFW 数据，由于部分年份数据的缺失并用移动平均法补全，也使得四种检验结果出现偏差，但是总体而言仍然可以较大可信度作出数据为平稳序列的判断。

表 3—2　　　　　　　　　面板数据单位根检验结果

检验方法	LLC	Breitung	Fisher – ADF	Fisher – PP
原假设	共同单位根	共同单位根	单位根	单位根
INFRA	− 6.57 ***	1.09	88.11 ***	84.82 ***
GINF（− 1）	− 3.54 ***	0.73	86.35 ***	73.55 **
DENS	− 2.91 ***	5.56	95.72 ***	37.32
URBAN	− 8.70 ***	4.01	144.89 ***	122.61 ***
MIG	− 5.13 ***	0.44	77.86 ***	89.94 ***
LABOR	− 2.60 ***	1.79	48.72	34.60
GDPPC	− 8.71 ***	− 4.51 ***	162.50 ***	163.14 ***
INFL	− 21.04 ***	− 3.24 ***	140.02 ***	143.19 ***
EXBL	− 5.71 ***	− 1.53 *	85.50 ***	84.71 ***
TRADE	− 3.96 ***	0.74	82.14 ***	95.46 ***
D（TRADE）	− 13.34 ***	− 6.09 ***	205.23 ***	232.31 ***
FDI	0.71	− 3.50 ***	66.83 **	67.13 **
GOV	− 3.81 ***	0.26	73.09 **	76.66 ***
EFW	− 1.44 *	− 1.37 *	51.27	34.50
横截面	24	24	24	24

　　说明：外生变量个体效应，其中 DENS，TRADE，GOV，EFW 根据数据统计特征设定外生变量个体线性趋势，MIG 常数和线性趋势；滞后长度根据 SIC 准则在 0—3 之间自动选择；Newey – West bandwidth 根据 Bartlett Kernel；Fisher 类检验的 p 值采用渐近 Chi – sq 分布，其他检验采用渐近正态分布。*、**、*** 分别表示 10%、5%、1% 的显著性水平，下表同。估计工具：Eviews 5.0。

三 双固定效应模型的实证检验

由于各个国家存在个体差异，初步考虑截面数据的固定效应；而且考虑到 1982—1997 年随时间变化的经济形势，且发生较大的经济事件如金融危机等，因此也可能有必要使用时间的固定效应反映当年的经济冲击对基础设施投入的影响。结合上述分析，初步考虑设定 η_i 表示个体的固定效应，η_t 表示时间的固定效应，但模型形式是否包含个体和时间的固定效应仍需由具体的 F 检验决定，如接受原假设则模型形式为纯 Pooled 回归；如拒绝原假设，则证明有个体和时间效应，然后通过 Hausman 检验判断时间截距项是固定效应还是随机效应，最终的模型形式有待检验的结果。

由于不清楚扰动项 μ_{it} 的结构，因此在回归方程中没有直接设定，需要通过检验判断。从数据结构看，横截面上，各国的差异较大，可能会有组间的异方差。本章会通过 LM 检验判断异方差的存在，如存在则通过 GLS 方法解决，同时采用怀特稳健协方差，从而取得稳健异方差一致协方差估计。

考虑到数据的可获得性，本章采用 24 个国家 1982—1997 年的面板数据。检验结果如表 3—3 所示，由个体差异的显著性检验发现，F 检验的值大于横截面固定效应的 F 检验 5% 显著水平的临界值，即 24.4587 > 1.5628；由时间差异的显著性检验发现，F 检验的值大于横截面固定效应的 F 检验 5% 显著水平的临界值，即 2.7606 > 1.7217。因此方程以 5% 的显著水平拒绝了个体间和各时期截距相等的原假设，不能用纯 Pooled 形式估计，而需要用面板模型估计。

为了进一步检验需要固定效应还是随机效应的横截面或时期面板模型，进行 Hausman 检验：横截面效应卡方值 χ^2 大于临界值，即 72.1160 > 22.3620，拒绝随机效应的原假设；时期效应卡方值

χ^2 大于临界值，即 30.6082 > 22.3620，也拒绝随机效应的原假设。考虑到本书各国之间存在个体差异，而所选时期 1982—1997 年发生了拉美金融危机等关键性事件使得数据存在时期差异，因此本章用个体和时期固定效应的双固定效应的面板模型估计此方程。本章发现，用双固定效应后，调整后的 R^2 也得到高于 2 倍以上的大幅度提高，说明采用这种方法和实际数据的拟合程度更好，解释力更强。

由于国家间一般存在较大个体差异，为此进行横截面异方差 Lm 检验，卡方值 χ^2 远大于临界值，即 264.1227 > 35.1725，拒绝同方差的原假设。针对异方差情况，本章使用横截面权重（Cross – section Weights）的 GLS 方法，系数协方差估计方法则是稳健估计中的怀特横截面（White Cross – section）方法并且不调整自由度。这种系数协方差矩证估计方法对组间同时期异方差和同时期相关稳健。

最后通过方程设定检验剔除不显著变量，本章最终采用的方程如下：

$$INFRA_{it} = C + \eta_i + \eta_t + \beta_1 GINF(-1)_{it} + \beta_2 DENS_{it} + \beta_3 URBAN_{it}$$
$$+ \beta_4 LABOR_{it} + \beta_5 INFLA_{it} + \beta_6 GOV_{it} + \beta_7 EFW_{it} + \mu_{it} \qquad (6)$$

第三节 基础设施投入的决定因素

由表 3—3 所示的回归结果可知，GINF（–1）回归参数非常显著，除了在 Pooled 回归中以 5% 显著性水平通过，其他方程都以 1% 或更好的显著性水平通过。参数为正，说明上期基础设施投入量越大，则政府越倾向于增加基础设施投入比重。这是因为所选取国家大部分处于发展中水平，基础设施投入远远未达到最优水平，因此规模报酬递减的程度较低；而且上期基础设施的支出需要后续

表3—3

基础设施投入决定因素面板数据模型估计结果估计方法

估计方法 待估参数	Pooled 回归	横截面固定效应	横截面随机效应	时期固定效应	时期随机效应	横截面和时期固定效应	双固定效应和横截面权重的 GLS
C	13.1765*** (2.311265)	40.8956*** (5.6708)	29.6758*** (3.7445)	10.1481*** (1.0573)	13.1765*** (1.2818)	28.7879*** (9.9248)	25.5835*** (4.7228)
GINF (−1)	−9.43E−08** (4.70E−08)	8.07E−07*** (1.57E−07)	2.39E−07*** (9.02E−08)	−1.18E−07*** (2.68E−08)	−9.43E−08*** (2.92E−08)	8.24E−07*** (1.51E−07)	5.80E−07*** (8.46E−08)
DENS	−0.0042* (0.0025)	−0.0611*** (0.0183)	−0.0116** (0.0055)	−0.0041** (0.0017)	−0.0042** (0.0019)	−0.0432** (0.0175)	−0.0120** (0.0052)
URBAN	−0.0541*** (0.0119)	−0.3614*** (0.113541)	−0.1016*** (0.0282)	−0.0533*** (0.0094)	−0.0541*** (0.0085)	−0.3382* (0.1924)	−0.5140*** (0.0752)
MIG	1.6464*** (0.3086)	−0.0280 (0.5485)	0.7493* (0.4538)	1.4825*** (0.2339)	1.6464*** (0.2249)	−0.0712 (0.4552)	
LABOR	−0.0011 (0.0649)	−0.3481** (0.1499)	−0.3586*** (0.0920)	0.0299 (0.0586)	−0.0011 (0.0550)	−0.1730* (0.0976)	0.0004*** (0.0002)
GDPPC	−0.1380** (0.0695)	−0.0265 (0.0476)	−0.0619 (0.0469)	−0.1192* (0.0667)	−0.1380** (0.0637)	−0.0223 (0.0446)	
INFL	0.0011*** (0.0004)	0.0003 (0.0003)	0.0004 (0.0002)	0.0011*** (0.0002)	0.0011*** (0.0002)	0.0003 (0.0002)	0.2189** (0.0496)

续表

估计方法 待估参数	Pooled 回归	横截面固定效应	横截面随机效应	时期固定效应	时期随机效应	横截面和时期固定效应	双固定效应和横截面权重的 GLS
EXBL	-0.2297*** (0.0393)	-0.1764*** (0.0398)	-0.1574*** (0.036847)	-0.2650*** (0.0492)	-0.2297*** (0.0525)	-0.1578*** (0.0516)	
TRADE	0.0017 (0.0096)	0.0022 (0.0182)	-0.0181 (0.0124)	0.0052 (0.0138)	0.0017 (0.0128)	0.0086 (0.0174)	
D (TRADE)	-0.0233 (0.0384)	-0.0259 (0.0261)	-0.0265 (0.0252)	0.0010 (0.0416)	-0.0233 (0.0456)	-0.0230 (0.0292)	
FDI	0.0255 (0.1386)	-0.0078 (0.1102)	-0.0107 (0.1065)	0.1263 (0.1195)	0.0255 (0.1203)	-0.0328 (0.0968)	
GOV	-0.2741*** (0.0537)	-0.0275 (0.0716)	-0.018/ (0.0616)	-0.3330*** (0.0716)	-0.2741*** (0.0674)	-0.0649** (0.0258)	-0.0724** (0.0321)
EFW	0.1309 (0.3431)	0.5662 (0.4097)	-0.1623 (0.3367)	0.5113* (0.2771)	0.1309 (0.2744)	0.9666* (0.5499)	0.3637** (0.1778)
调整后的 R^2	0.3099	0.7304	0.1894	0.3558	0.3099	0.7295	0.7844
F 统计的 p 值	0.0000	0.0000	0.0000	0.0000	0.0000	0.0000	0.0000

续表

估计方法 待估计参数	Pooled 回归	横截面固定效应	横截面随机效应	时期固定效应	时期随机效应	横截面和时期固定效应	双固定效应和横截面权重的 GLS
面板设定的 F 检验		24.4587	16.6648	2.7606			
Hausman 检验（χ2）				72.1160	30.6082		
横截面异方差 LM 值（χ2）	264.1227						
D - W 统计	0.4968	1.2704	0.9435	0.5283	0.4968	1.2762	1.2378
观测量	360	360	360	360	360	360	360

说明：括号内是标准误差；估计工具：Eviews 5.0。求得检验的临界值分别为：f 01 = @ qfdist（0.95, 23, 323）=1.5628；f 02 = @ qfdist（0.95, 14, 332）=1.7217；lm002 = @ qchisq（0.95, 13）=22.3620；lm003 = @ qchisq（0.95, 13）=22.3620；lmyfc0 = @ qchisq（0.95, 23）=35.1725。

的弥补折旧的支出，基础设施和现存经济生产结构存在较高的互补性，导致政府增加当期基础设施投入比重。

DENS 参数为负，说明人口密度越大，政府反而减少基础设施投入比重。这一方面是因为人口密度大，人口比较集中，由于基础设施作为公共品具有"非竞争性"而不需要增加基础设施；此外，人口密度大的地区，政府在其他方面如人力资源、健康医疗等开支也增大，使得基础设施的投入比重相对减少。

URBAN 参数为负，说明城市化程度越高，政府基础设施投入占政府收入的比重越低，估计系数 − 0. 5140 表示城市人口每增加 1 个百分点，政府支出中基础设施投入比重就减少约 0. 5 个百分点。这是由于在城市中，政府在其他各方面的开支较大，而交通和通信作为公共品的"非竞争性"特点和规模效益也使得基础设施投入比重相对下降。

LABOR 参数为正，说明就业率越高，基础设施投入比重略为增加。这表明在基础设施投入达到最优规模水平之前，劳动力与基础设施主要是互补关系。

INFL 参数为正，说明政府赤字会促进基础设施投入比重的提高，估计系数 0. 2189 表示财政赤字每增加 1 个百分点，政府支出中基础设施投入比重就增加约 0. 2 个百分点。这是因为财政赤字意味着政府税收收入减少，使得基础设施投入占税收收入比重相对增大；另外，对大部分国家而言，由于财政赤字引起通货膨胀，使得投资环境不确定导致政府选择增加基础设施投入抵消这种影响或者以此刺激私人投资，从而增加基础设施投入比重。

GOV 参数为负，说明政府规模越大，投入到基础设施的比重反而减少。这是因为要达到较大的政府规模，所需税收收入的增加大于基础设施投入的增加，从而使得基础设施投入比重相对降低。

EFW 参数显著为正，说明制度质量越高，政府基础设施的投入比重越大，估计系数 0.3637 表示 EFW 值每提高 1 个百分点，则政府支出中基础设施的投入比重就增加约 0.36 个百分点。产生如此显著效应是因为与兰多夫等人（1996）选取的政治制度相比，经济制度对基础设施边际产出促进作用更加明显和直接，因此较高的 EFW 值使得政府提高对基础设施的投入比重。

此外，由于 MIG 与 URBAN 存在一定的共线性，因此 MIG 参数不显著；而 GDPPC 参数不显著的根本原因是，虽然基础设施是正常品，会随着经济增长而增加投入，但由于政府税收总收入也随经济增长而增加，由于分子分母同时增大互相抵消，使基础设施投入占税收总收入的比重与经济增长的关系不显著，这也验证了本章的推断。

值得注意的是，对外经济贸易变量 EXBL、TRADE、D(TRADE)、FDI 参数都不显著。说明政府的基础设施投入倾向与对外经济贸易状况并不敏感，而主要根据国内经济特征制定基础设施投入政策；另外一部分原因是对外经济贸易对基础设施投入增加的效应和对税收收入增加的效应互相抵消，使得基础设施投入占税收收入比重变化不显著。

第四节　结论

综上所述，在采用最新面板单位根检验技术验证数据的平稳性基础上，本章通过对 24 个国家 1982—1997 年的面板数据的经验研究发现，制度质量较高的国家，政府基础设施投入占政府收入的比重较高；上期基础设施支出、就业率和政府财政赤字的增加也使政府更倾向于制定增加基础设施投入的政策；而城市化程度、人口密度和政府规模较高的国家，政府税收收入中的基础设施投入比重相对较低；政府主要根据国内经济特征制定基础设施投入政策，而不是根据对外经济贸易状况制定。

与现有相关文献相比，本章采用基础设施支出占政府税收总收入的比重作为衡量指标，更加直接地反映了政府的政策倾向；由于采用了制度的代理变量 EFW，从而分析了经济制度因素对基础设施投入的影响；在数据结构方面，采用面板数据的截面和时期双固定效应模型反映了个体和时期差异问题；由于利用了最新面板单位根检验技术，避免了面板数据时间维度普遍存在非平稳结构导致的伪回归问题。

本章基于跨国数据的基础设施投入决定因素研究，解释了世界各国政府基础设施投入倾向差异产生的原因，这对于下一步研究中国基础设施投入的地区差异有较强的参考意义。一方面，中国基础设施投资水平存在较大的地区差异，虽然各类基础设施的区域差异状况各不相同，但就整体而言，中国各地区间的基础设施存量差异巨大，东部地区的优势明显。其中，区域差异最大的基础设施是邮电通信、交通运输和教育（李伯溪、刘德顺，1995）。另一方面，中国基础设施投资变化趋势也存在较大的地区差异。张军（2006）选取交通、能源、通信和城市基础设施的研究发现，中国各省基础设施的变动模式可分为上升组类、下降组类、稳定组类、先下降后上升组类。因此，如何利用本章的分析方法和跨国经验研究中国基础设施投入和变化地区差异产生的决定因素，仍然有待进一步的深入研究。

参考文献

李伯溪、刘德顺：《中国基础设施水平与经济增长的区域比较分析》，《管理世界》1995 年第 2 期。

世界银行：《1994 年世界发展报告》，中国财政经济出版社

1994 年版。

张军:《中国基础设施的基础研究: 分权竞争、政府治理与基础设施的投资决定》, 复旦大学中国经济研究中心 2006 年。

Arrow K. J. and Lind, Robert C. "Uncertainty and the Evaluation of Public Investment Decisions. " *The American Economic Review*, Jun. 1970, 60(3), pp. 364—378.

Aschauer, David Alan. "Highway Capacity and Economic Growth. " *Economic Perspective*, Federal Reserve Bank of Chicago, 1990.

Aschauer, David Alan. "Is Public Expenditure Productive?" *Journal of Monetary Economics*, 1989, Vol. 23, pp. 177—200.

Becker, Gary S. *Human Capital: A Theoretical and Empirical Analysis, with Special Reference to Education.* New York: National Bureau of Economic Research; New York: Columbia University Press, 1964.

Breitung, J. , "The Local Power of Some Unit Root Tests for Panel Data. " in: B. Baltagi (ed.), Nonstationarity Panels, Panel Cointegration, and Dynamic Panels, 2000, vol. 15, pp. 161—177.

Cadot, O. ; Lars – Hendrik, R. and Stephan, A. "A Political Economy Model of Infrastructure Allocation: An Empirical Assessment. " Discussion paper 2336, 1999, CEPR, London.

Canning, David and Fay, Marianne. "The Effect of Transportation Networks on Economic Growth, "Discussion paper series, 1993, Columbia University, Department of Economics.

Cardoso, Eliana, "Private Investment in Latin America. " *Economic Development and Cultural Change*, July 1993, Vol. 41, pp. 833—848.

Castells, A. and Albert, S. "The Regional Allocation of Infrastructure Investment: The Role of Equity, Efficiency and Political Factors. " *European Economic Review*, 2005, 49(5), pp. 1165—1205.

Choi, In, "Unit root tests for panel data. " *Journal of International Money and Finance*, April 2001, vol. 20(2), pp. 249—272.

Crain W. M. and Oakley, Lisa K. "The Politics of Infrastructure. " *Journal of Law and Economics*, Apr. 1995, 38(1), pp. 1—17.

Dawson, John W. "Institutions, Investment, and Growth: New Cross - Country and Panel Data Evidence. " *Economic Inquiry*, October 1998, pp. 603—619.

Glazer, A. "Politics and the Choice of Durability. " *The American Economic Review*, Dec. 1989, 79(5), pp. 1207—1213.

Gwartney, J. ; Lawson, R. and Easterly, W. "Economic Freedom of the World: 1970—2004. " Vancouver, B. C. : The Fraser Institute, 2006.

Gwartney, J. ; Lawson, R. and Holcombe, R. "Economic Freedom and the Environment for Economic Growth. " *Journal of Institutional and Theoretical Economics*, 1999, 155(4), pp. 1—21.

Gwartney, J. ; Lawson R. ; Russell S. and Peter T. , "Economic Freedom of the World: 2007 Annual Report. " Vancouver, BC: The Fraser Institute, 2007.

Heller, Peter S. and Diamond, Jack. "International Comparison of Government Expenditure Revisited: The Developing Countries, 1975 - 86. " IMF Occasional paper 69, Washington, D. C. , April 1990.

Henisz, W. J. "The Institutional Environment of Infrastructure Investment. " *Industrial and Corporate Change*, 2002, 11 (2), pp. 355—389.

Hsiao, C. , *Analysis of Panel Data*, 2nd Edition. Econometric Society Monograph No. 34. Cambridge: Cambridge University Press, 2003.

Kemmerling, A. and Stephan, A. "The Contribution of Local Public

Infrastructure to Private Productivity and Its Political Economy: Evidence from a Panel of Large German Cities. " *Public Choice*, 2002, 113 (3 – 4), pp. 403—424.

Kessides, Christine. " Institutional Options for the Provision of Infrastructure. " World Bank discussion paper series No. 212, World Bank, Washington, D. C. 1993a.

Kessides, Christine. " The Contributions of Infrastructure to Economic Development: A Review of Experience and Policy Implications. " World Bank discussion paper series No. 213, World Bank, Washington, D. C. 1993b.

Leff, N. H. , " Externalities, Information Costs, and Social Benefit— Cost Analysis for Economic Development: An Example from Telecommunications. " *Economic Development and Cultural Change*, January 1984, Vol. 32, pp. 255—276.

Levin, A; Lin, C. F. and Chu, C. S. J. , 2002. " Unit Root Tests in Panel Data: Asymptotic and Finite – sample Properties. " *Journal of Econometrics*, May 2002, vol. 108 (1), pp. 1—24.

Maddala, G. S. and Wu, S. , " A Comparative Study of Unit Root Tests with Panel Data and A New Simple Test. " *Oxford Bulletin of Economics and Statistics*, 1999, Special Issue, pp. 631—652.

Mizutani, F. and Tanaka, Tomoyasu. " Productivity Effects and Determinants of the Allocation of Public Infrastructure. " ERSA conference papers ersa05p412, European Regional Science Association, 2005.

Norton, S. W. , " Transaction Costs, Telecommunications, and the Microeconomic of Macroeconomic Growth. " *Economic Development and Cultural Change*, October 1992, Vol. 41, pp. 175—196.

Randolph, S. ; Bogetic, Z. and Hefley, D. " Determinants of Public

Expenditure on Infrastructure: Transport and Communication. " *World Bank Policy Research Working Paper* No. 1661,1996.

Rauch, J. E. " Bureaucracy, Infrastructure, and Economic Growth: Evidence from US Cities during the Progressive Era. "*American Economic Review*,1995,85(4),pp. 968—979.

Schultz, T. W. "Investment in Human Capital. "*The American Economic Review*, Mar. 1961,Vol. 51,pp. 1—17.

World Bank. *World Development Report* 1994. Oxford: Oxford University Press,1994.

Wu, Wenbo, and Davis, Otto A. "Two Freedoms, Economic Growth and Development: An Empirical Study. " *Public Choice*, 1999, 100, pp. 39—64.

第四章

港澳基础设施建设差异之谜[①]

港澳具有相似的殖民性质统治历史、人口、文化、资源禀赋和回归时间条件，但在港英政府和澳葡政府统治期间，两地基础设施建设却存在较大的差异。本章通过建立厂商和政府的动态博弈模型，证明了在相似的初始条件下殖民政府采取不同的基础设施建设倾向的根本原因在于宗主国制度的不同，从而用理论模型实现了青木昌彦提出的博弈均衡制度观，验证了诺斯强调的宗主国制度对殖民地的影响。最后，本章通过港澳案例比较研究进一步验证理论结论，并解释了港澳基础设施建设差异的制度原因。

第一节 引言

港澳具有相似的殖民性质统治历史、人口、文化、资源禀赋和回归时间条件，但在港英政府和澳葡政府统治期间，两地基础设施建设及其经济发展却存在较大的差异。港英政府重视基础设施的建设，采取的是建设性殖民策略；而澳葡政府采取的是非建设性殖民策略，不仅基础设施建设低于港英政府，而且把政府一些公共职能转交给专营公司完成。那么，港澳在相似的初始条件下，殖民地宗主国为什么采取不同的殖民制度？两个殖民地政府基础建设投入为

---

① 本章主要内容已以本书作者为第一作者发表于《学术研究》2009 年第 9 期。

什么有如此大的差别？

本章通过建立厂商和政府的动态博弈模型，证明了在相似的初始条件下殖民政府采取不同的基础设施建设倾向的根本原因在于宗主国制度的不同，从而用理论模型实现了青木昌彦提出的博弈均衡制度观，验证了诺斯强调的宗主国制度对殖民地的影响。通过港澳案例比较研究验证理论结论，并解释了港澳基础设施建设差异的制度原因。

本章其余安排如下：第二部分理论综述，提出现有制度经济学关于殖民地制度的决定因素讨论中存在的问题；第三部分建立包含人均基础设施的生产函数模型；第四部分通过殖民政府与厂商动态博弈模型求解殖民地政府最优的建设倾向；第五部分通过港澳比较研究，论证在许多相似的历史条件下，港澳殖民者却采取了完全不同的建设倾向的原因，用案例分析进一步验证理论；第六部分结论及启示。

第二节　理论综述

不同殖民地为什么会出现不同的殖民策略和制度安排？现有文献认为关键是宗主国制度、地理位置与资源禀赋、历史传统不同的原因，或者是路径依赖的结果。主要研究思路有以下几种：

第一，强调宗主国制度（如产权制度、统治历史、法律渊源和文化等）对殖民地的影响。诺斯（1981）[1] 强调宗主国产权制度对殖民地经济组织的影响，他认为西班牙、葡萄牙和法国殖民地的经济组织与英国殖民地的经济组织的明显差别来自宗主国延伸而来

---

① North, Douglas C., *Structure and Change in Economic History*, W. W. Norton & Co., New York. 1981.

的产权与殖民地地区天然生产要素的结合。阿西莫格鲁（2002）[1]认为不同的殖民统治历史是影响殖民地制度的一个外生变量。欧洲殖民者采取差别很大的殖民策略和相关的制度，并在国家独立之后仍然维持：英国殖民者移民到美国、澳大利亚和新西兰殖民地并建立法律制度和鼓励投资；比利时在刚果建立殖民政府实行榨取性（extractive）政府，这种榨取性殖民政府的建立就是为了能掠夺尽可能多的资源到宗主国和在当地付出尽可能少的投资。拉波特等（La Porta et al.，1998）[2]论证了殖民地宗主国和法律渊源对现在制度的重要影响。兰德斯（Landes，1998）[3]的研究强调从英国继承的文化对英国殖民地的重要性。

第二，认为殖民制度主要取决于当地要素禀赋、自然环境和人口密度等初始条件。阿西莫格鲁（Acemoglu et al.，2002）的研究认为欧洲殖民者在殖民地的制度安排和生产结构取决于殖民者能否移民到当地，而这又取决于所在殖民地的自然环境和人口密度。萨克斯和沃热（Sachs & Warer，1997）[4]认为一国资源禀赋的丰裕程度将决定利益集团的寻租机会并诱发政府的制度选择。恩格曼和索科洛夫（Engerman & Sokoloff，1997）[5]通过对美洲殖民地国家发展路径的比较研究发现，初始禀赋条件对经济制度的进化、经济结

① Acemoglu, Daron, James A. Robinson and Simon Johnson, "Reversal of Fortune: Geography and Institutions In The Making of The Modern World Income Distribution", The Quarterly Journal of Economics, 2002, 117 (4), pp. 1231—1294.

② La Porta, Rafael, Florencio, Lopez – de – Silances, Andrei, Shleifer, and Robert W, Vishny, "Law and Finance", Journal of Political Economy, 1998, 106 (6), pp. 1113—1155.

③ Landes. David, The Wealth and Poverty of Nations. New York: W. W. Norton. 1998.

④ Sachs, Jeffrey, and Andrew Warner, "Natural Resource Abundance and Economic Growth", mimeo, Center for international Development, Harvard University, 1997.

⑤ Engerman, Stanley L. and Kenneth L. Sokoloff, "Factor Endowments, Institutions, and Differential Paths of Growth among New World Economies," in S. H. Haber ed. How Latin America Fell Behind, Stanford University Press, Stanford CA. 1997.

构以及制度与经济发展的长期路径产生深远而持久的影响。

第三，另外一些学者认为殖民制度受宗教、意识形态、信仰、政府认识过程或其他非制度因素影响。巴罗和麦卡利（2002）[①] 认为经济和政治的发展影响宗教，而宗教和意识形态又影响经济发展和政治制度。而历史制度分析（Historical Institutional Analysis, HIA）特别强调初始文化信仰是国家的制度基础。其中 Greif（1994）[②] 对热那亚（Genoa）和马格里布[③]（Maghrib）的一系列研究表明，初始的文化信仰对于组织的演化和国家的出现是非常关键的内生变量。经济史的研究发现，在 11—12 世纪，热那亚和马格里布商人面临同样的贸易环境，运用同样的航海和陆地交通技术，并差不多进行同类商品的贸易。但是，初始的文化信仰却使热那亚演变成高度分权化、以个人主义为基础的社会，并且发展出契约、长距离贸易、行会、产权；在穆斯林世界的马格里布，由于信奉集体主义，只认可组织内部的通信、道德和诚信，因而成为集权主义社会，形成了集权主义国家。国内章奇和刘明兴（2005）[④] 通过分析第二次世界大战后的跨国数据样本，讨论了殖民地国家独立后政府的认知过程和意识形态的内生性对政府干预的影响。

可见，现有文献主要用历史比较和实证方法分析，对何以产生不同的殖民制度进行证明，然而存在两个重要问题：一方面，制度

---

① Barro, Robert J. , and Rachel M. McCleary, "Religion and Political Economy in an International Panel", NBER Working Paper, No. w8931. Cambridge: National Bureau of Economic Research, 2002.

② Greif, "Cultural Beleifs and the Organization of Society: A Historical and Theoretical Reflection on Collectivist and Individualist Societies", Journal of Political Economy, 1994, Vol. 102, No. 5: pp. 912—950.

③ 历史上，热那亚是拉丁世界的一部分，是后罗马帝国时期的一个城邦。马格里布是穆斯林世界的一部分，地域覆盖现在的摩洛哥、阿尔及利亚和突尼斯大部分地区（Greif, 1994）。

④ 章奇、刘明兴：《意识形态与政府干预》，《经济学》（季刊）2005 年第 2 期。

经济学理论把制度选择和殖民政府策略选择当作"黑箱"（black - box）处理。即把殖民政府的行为产生机制当作外生给定，或者只对结果进行经验性的归纳，而对于为什么产生这种制度选择的机制缺乏分析；另一方面，由于制度产生机制牵涉到许多不同的影响因素，而现有文献所研究的各个殖民地的历史、要素禀赋等条件往往差别很大，因此对于殖民地制度的产生原因还没有明确统一的解释，研究思路和结论千差万别。因此，只有找到初始条件非常相似的殖民地作为研究对象，才能避免其他因素的影响，做更准确地比较分析。

为解决现有文献存在的"黑箱"问题，本章建立厂商和政府的动态博弈模型，设立殖民政府的目标函数及其最优化过程。即，厂商根据政府的税收政策和基础设施建设程度决定投资量，政府根据厂商的最优投资量决定税收政策和基础设施建设，由此产生的厂商和殖民政府博弈均衡形成了经济运行的内在机制。通过均衡状态下殖民政府建设性支出的比率分析，实现了青木昌彦（Aoki，2001）① 提出的博弈均衡制度观，验证了诺斯（1981）等人强调的宗主国制度对殖民地的影响。

另外，为解决文献中研究对象的问题，本章采用港澳作为案例分析的对象。由于港澳的初始条件非常相似，因此避免了其他因素的影响，更加准确地分析宗主国制度对殖民地的影响。并证明了港澳殖民政府在许多相似条件下，采取不同的建设倾向的根本原因在于宗主国制度的不同。本章进一步研究发现，由于这种殖民建设倾向引起现在港澳基础设施的差别，导致港澳经济发展水平的不同，从而解释了两地经济发展差异的制度原因。

---

　　① Aoki, *Toward a Comparative Institutional Analysis*, *MIT Press*, Cambridge, MA, 2001.

本章通过理论模型和个案分析相结合的方法，研究得出的结论是，在一定的殖民统治时期下，殖民政府建设性倾向指标取决于宗主国制度，而且宗主国制度越好，对殖民地基础设施建设程度越高；政府目标中考虑基础设施比重越高，则越倾向于提高殖民地的建设程度。接近回归时，宗主国制度不变，但港英政府却加大基础设施的投资，是因为基础设施本身是政府目标的一部分，政府提高这个目标的权重，是为了显示殖民政府对人民福利的关心，以期延长英国政府对香港的影响力及其未来收益。

第三节　包含人均基础设施的生产函数模型

为了研究宗主国在殖民地采取的策略，本章建立厂商和政府的动态博弈模型，设立殖民政府的目标函数及其最优化过程。因此，首先涉及如何确定厂商生产函数的问题。本章在巴罗（1990）[①] 的基础上建立包含人均基础设施的生产函数模型。

巴罗（1990）关于公共财政支出与经济增长理论中，采用的生产函数形式为：

$$Y = AK_i^{\alpha}L_i^{1-\alpha}G^{1-\alpha} \tag{1}$$

其中 K_i 代表资本数量，L_i 代表劳动力数量，G 代表政府为企业生产所提供的公共物品，$0 < \alpha < 1$。巴罗把公共部门引入具有规模报酬不变的"AK"生产函数中，建立了一个以政府支出为中心的内生增长模型，并得出一个最优财政支出规模。在巴罗"AK"模型的基础上，有学者对政府支出的具体项目进行研究（Futagami，1993；Easterly & Rebelo，1993）。也有学者实证分析政府支

---

① Barro，Robert J.，"Government Spending in a Simple Models of Endogenous Growth"，Journal of Political Economy，1990，98，pp. s103—s125.

出、政府规模或公共财政与经济增长之间的关系（Levine &
Renelt，1992；Easterly & Rebelo，1993；Barro & Sala‑I‑Martin，
1995；马树才和孙长清，2005）。

　　虽然文献表明政府支出影响经济增长，但是并不是每项支出都
能促进经济增长。巴罗（1990）后来也注意到是政府支出中的
"生产性支出"对私人厂商具有正外部性，其中"生产性支出"主
要包含基础设施方面的支出。① 因此，相对于政府总支出，基础设
施支出项更能表明对经济增长的贡献。另外，巴罗和萨拉·I·马
丁（1995）② 对政府支出"作为一种生产投入的公共服务"和
"作为对产权的一种影响的公共服务"建立了"生产性政府服务的
拥挤模型"，模型考虑了公共品的竞争性导致的拥挤效应。国内马
树才和孙长清（2005）③ 的研究也强调了公共品的拥挤效应。但是
为了避免人为设定拥挤效应的问题，本章选取"人均基础设施支
出"克服这个问题。即设定 g 为人均基础设施上的支出进入生产函
数。

　　需要强调的是，殖民地的基础设施对当地经济的贡献还取决于
宗主国制度的质量。而且现有的研究证明了不同宗主国制度对殖民
地经济的作用不同：哈耶克（Hayek，1960）认为英国普通法系优

　　① 世界银行《1994 年世界发展报告》指出，"基础设施与发展之间的确切关系目
前尚无定论，但基础设施能力是与经济产出同步增长的——基础设施存量增长 1%，
GDP 就会增长 1%，各国都如此"。但该结论并不是根据 GDP 与基础设施存量之间的相
关关系的研究得出的，仅仅是根据部分国家的人均基础设施存量的数量如何随人均国民
收入的增长而增长的统计资料得出的，且没有给出绝对量的测算结果。按照世界银行的
定义，基础设施包括电力、电信、自来水、卫生设施与排污、固体废弃物的收集和处理
及管道煤气、公路、灌溉工程以及交通部门。
　　② Barro, Robert J. , and Sala‑I‑Martin, "Government Spending in A Simple Model
of Endogenous Growth", Journal of Political Economy, 1995, 98: pp. 103—125.
　　③ 马树才、孙长清：《经济增长与最优财政支出规模研究》，《统计研究》2005 年
第 1 期。

于大陆法系。拉波特（La Porta et al.，1998）揭示了普通法国家有更好的产权保护和更加发达的金融市场。他们认为不同宗主国分属不同的法律体系，因而对产权、经济自由度的理解和保护程度均存在差异。诺斯和托马斯（1973）认为，17世纪发生的欧洲经济收缩危机导致包括葡萄牙在内的拉丁国家与英国之间形成了不同的产权变更和日后不同的发展方式。英国和荷兰逐渐形成的有效产权制度直接促成了它们商业和贸易的繁荣，而西班牙和葡萄牙的无效产权制度导致它们在17世纪后很快衰落。

宗主国制度通过殖民地政府行为影响殖民地经济，不同的宗主国制度，g的贡献不同。为此在生产函数中引入制度因子 I。宗主国制度越好，则 I 值越高。因此，g 在多大程度上促进经济产出取决于 I 的大小，本章设定 g^I 进入生产函数。

因此，在巴罗（1990）基础上，我们假定在生产过程中需要投入三种资源：资本 K、劳动 L 和人均基础设施 g，为简化起见，下面我们设定生产函数为柯布—道格拉斯形式：

$$Y = A(Kg^I)^{\alpha}L^{1-\alpha} = AK^{\alpha}L^{1-\alpha}g^{I\alpha} \qquad (2)$$

其中，假定 Y 对几个变量递增、严格凹、一阶齐次、可微。Kg^I 是根据巴罗的观点设定的。巴罗（1990）认为，政府的生产性支出也是企业的一种资本品，由于政府提供的公共产品（生产性支出活动）对私人厂商具有很强的外部性，所以政府的生产性支出可以保证资本的边际收益不趋向于零。因此政府的基础设施建设的外部性相当于私人资本增加。但是应该看到，基础设施的外部性相当于多大程度上的私人资本，这又取决于宗主国制度。将式（2）作变换得：

$$\ln Y = \ln A + \alpha(\ln K + I \cdot \ln g) + (1 - \alpha)\ln L \qquad (3)$$

可见，g 的外部性转化成相当于私人资本的投入取决于转化因子 I，即宗主国制度。

第四节　殖民政府与厂商的动态博弈模型

假设经济系统是由同质充分竞争性企业与殖民政府所构成，企业按照完全竞争条件雇佣劳动与租赁资本进行生产，并使利润最大化；政府实行比例总税收，并为企业提供基础设施。

青木昌彦（Aoki, 2001）认为，在特定博弈模型存在多重均衡解的情况下，博弈均衡制度观可以揭示制度中诺斯所说的"人为设计"的一面，即强调制度不只是生态、技术或文化决定的产物，而是立法者、官僚资本或从事机制设计的经济学家明确设计的结果。他强调制度是一种博弈的均衡状态，并定义了关于个人的主观行动选择如何相互作用并最终诱使新制度出现的"主观博弈模型"。基于青木昌彦对制度设计的思想，本章采用博弈论方法中的动态模型对港澳殖民政府的殖民策略进行论证，即认为企业在政府税收 τ 和基础设施支出 g 给定的条件下，控制资本量求最优化 k，政府再根据企业的最优资本 k 求得最优的税收 τ 和基础设施支出 g。最后，根据 τ 和 g 求出 k。

一　企业部门

企业通过租借资本和雇佣劳动进行生产，在生产过程中所使用的基础设施由政府免费提供，企业按照一定的比例缴纳税收，税率为 t。

假定企业采用柯布—道格拉斯进行生产，即：

$$Y = AK^{\alpha}L^{1-\alpha}g^{I\alpha} \tag{4}$$

其中，K 为资本，g 为政府提供的基础设施数量，α 为资本的产出弹性，I 表示宗主国制度质量。正如上文所述，现有研究表明不同宗主国所属制度体系对殖民地经济产生不同的影响。方程

（4）两边除以 L，得

$$f(k,g) = Ak^{\alpha}g^{l\alpha} \qquad (5)$$

其中，$f(k,g) = \dfrac{F(K,L,g)}{L}$ 为人均产值，$k = \dfrac{K}{L}$ 为人均资本。

企业面临的问题是在给定的政府税收 τ 和基础设施 g 条件下，按照生产函数进行生产，并通过控制资本量 k 使得税后利润最大化，即：

$$\underset{k}{\text{Max}} \quad \pi^f = (1 - \tau)f(k,g) - rk \qquad (6)$$

二 政府部门

政府按照一定的比例 τ 向企业收取税收，并为企业提供免费的基础设施。

本章对于政府目标函数的设定是建立在诺斯（1981）关于制度行为主体"国家目标"的分析基础上。诺斯认为国家有两方面的目的，"它既要使统治者的租金最大化，又要降低交易费用以使全社会总产出最大化，从而增加国家税收"。因此，根据诺斯构造的有关国家的新古典理论，我们认为殖民政府的目标首先是殖民地"租金最大化"。由于殖民政府预期收入为 $\tau f(k,g)$，预期成本为 g，因此收益为 $[\tau f(k,g) - g]$。但是政府"又要降低交易费用以使全社会总产出最大化"，从而增加国家税收。根据本章模型，主要是通过基础设施建设 g 来"降低交易费用"，所以政府目标是"税收收入"和"基础设施建设"的加权，加权系数为 γ，目标函数设为：

$$\underset{\tau,g}{Max}\,\pi^g = [\tau f(k,g) - g] + \gamma g \qquad (7)$$

γ 代表政府"租金最大化"和"降低交易费用"两个目标中分配在"降低交易费用"中的权重。从另外角度看，"降低交易费用"的措施，"基础设施建设"也可看作是对人民福利的关心程度。当 γ 趋于 0 时，目标函数趋于 $\underset{t,g}{Max}\,\pi^g = [\,\tau f(k,g) - g\,]$，即政府追求纯收益；当 γ 趋于 1 时，政府目标趋于 $\underset{\tau,g}{Max}\,\pi^g = [\,\tau f(k,g) - g\,] + g$，即政府将纯收益和当地基础设施建设当做同等重要的目标。当然，一般情况下 γ 在 0 和 1 之间。殖民政府的 γ 小于独立政府，因为殖民政府更关注税收收入，对于基础设施的投入当作是纯粹的成本付出，而独立政府目标中，由于提高基础设施本身就是政府的一个目标，因此 γ 较高。

三   殖民政府建设性指标

如何衡量殖民政府建设倾向是本章研究的一个重点。由于政府支出是政府政策的一个较好的代理变量，从政府支出项目可以看出政府的政策倾向，如果政府愿意在殖民地投入基础设施，则认为他们采取的是建设性殖民策略。因此考虑用政府支出中的基础设施支出占政府收入比重衡量：

$$\theta = \frac{g}{\tau f(k,g)} \tag{8}$$

所占比重 θ 越大，说明政府基础设施投入越积极，以此判断殖民政府采取的是否为建设性殖民策略。[①]

政府和厂商的最优化问题形成了一个动态博弈问题，在均衡组合 τ^*，g^* 和 k^*，政府和厂商的最优化方程同时满足。为求得上述

[①] 本书不采用财政支出的绝对值或财政支出占 GDP 的比重，而用基础设施支出占政府收入比率作为衡量殖民政府建设倾向的指标，可以避免宗主国经济水平的差异所引起的影响。因为宗主国经济水平的差异虽然可能影响财政支出的绝对值或财政支出占 GDP 的比重，但并不影响财政收入中基础建设的比重。而且财政支出占 GDP 大小的区别也不能说明殖民倾向，而可能是非生产性支出较多或其他原因导致比重较大，并不说明建设倾向。事实上，由于港澳很早就财政独立，基础设施支出占政府收入比重受宗主国经济水平影响更小。所以，本书设定基础设施支出占政府收入比重 θ 衡量殖民政府建设倾向较为合理。

最大化问题的建设性指标，根据式（8），需要求得最优化的均衡解 τ^*, g^* 和 k^*：

在政府 τ^*, g^* 给定的条件下，企业最优化问题由式（6）的一阶条件得：

$F.O.C$:k

$$(1-t)\alpha A k^{\alpha-1}g^{I\alpha} - r = 0 \tag{9}$$

解得：

$$k^* = (\frac{r}{\alpha A})^{\frac{1}{\alpha-1}}(1-\tau)^{\frac{1}{1-\alpha}}g^{\frac{I\alpha}{1-\alpha}} \tag{10}$$

将式（10）中企业的最优 k^* 代入政府目标函数式（7），解

$$\underset{\tau,g}{Max}\,\pi^g = \tau f(k,g) - (1-\gamma)g$$

$$= A(\frac{r}{\alpha A})^{\frac{\alpha}{\alpha-1}}\tau(1-\tau)^{\frac{\alpha}{1-\alpha}}g^{\frac{I\alpha}{1-\alpha}} - (1-\gamma)g \tag{11}$$

分别对 g, τ 一阶求导，

$F.O.C$:g

$$A(\frac{r}{\alpha A})^{\frac{\alpha}{\alpha-1}}\tau(1-\tau)^{\frac{\alpha}{1-\alpha}}(\frac{I\alpha}{1-\alpha})g^{\frac{I\alpha-1+\alpha}{1-\alpha}} - (1-\gamma) = 0 \tag{12}$$

$F.O.C$:τ

$$A(\frac{r}{\alpha A})^{\frac{\alpha}{\alpha-1}}g^{\frac{I\alpha}{1-\alpha}}\left[(1-\tau)^{\frac{\alpha}{1-\alpha}} + \tau(\frac{\alpha}{1-\alpha})(1-\tau)^{\frac{2\alpha-1}{1-\alpha}}(-1)\right] = 0 \tag{13}$$

一般情况下，政府税率不可能为100%，即 $\tau \neq 1$，解得：

$$\tau^* = 1 - \alpha \tag{14}$$

$$g^* = \left\{\frac{1}{1-\gamma}A^{\frac{1}{1-\alpha}}\alpha^{\frac{2\alpha}{1-\alpha}}r^{\frac{-\alpha}{1-\alpha}}I\alpha\right\}^{\frac{1-\alpha}{1-\alpha+I\alpha}} \tag{15}$$

在政府 τ^*, g^* 条件下，求企业选择最优化资本量 k^*，将式（14）（15）代入式（10）得：

$$k^* = (\frac{r}{\alpha A})^{\frac{1}{\alpha-1}}\alpha^{\frac{1}{1-\alpha}}\left\{\frac{1}{1-\gamma}A^{\frac{1}{1-\alpha}}\alpha^{\frac{2\alpha}{1-\alpha}}r^{\frac{-\alpha}{1-\alpha}}I\alpha\right\}^{\frac{I\alpha}{1-\alpha+I\alpha}} \tag{16}$$

因此，将式（15）、（16）代入企业生产函数式（5），解得均衡状态下生产函数为：

$$f(k^*,g^*) = A(\frac{r}{\alpha A})^{\frac{\alpha}{\alpha-1}}\alpha^{\frac{\alpha}{1-\alpha}}\left\{\frac{1}{1-\gamma}A^{\frac{1}{1-\alpha}}\alpha^{\frac{2\alpha}{1-\alpha}}r^{\frac{-\alpha}{1-\alpha}}I\alpha\right\}^{\frac{I\alpha}{1-\alpha+I\alpha}} \qquad (17)$$

将式（14）（15）（17）最优化的 τ^*，g^*，和 $f(k^*,g^*)$ 代入式（8）的殖民政府建设性指标，得出殖民政府最优基础设施建设程度：

$$\theta = \frac{g}{\tau f(k,g)}$$

$$= \frac{\left\{\frac{1}{1-\gamma}A^{\frac{1}{1-\alpha}}\alpha^{\frac{2\alpha}{1-\alpha}}r^{\frac{-\alpha}{1-\alpha}}I\alpha\right\}^{\frac{1-\alpha}{1-\alpha+I\alpha}}}{(1-\alpha)A(\frac{r}{\alpha A})^{\frac{\alpha}{\alpha-1}}\alpha^{\frac{\alpha}{1-\alpha}}\left\{\frac{1}{1-\gamma}A^{\frac{1}{1-\alpha}}\alpha^{\frac{2\alpha}{1-\alpha}}r^{\frac{-\alpha}{1-\alpha}}I\alpha\right\}^{\frac{I\alpha}{1-\alpha+I\alpha}}}$$

$$= \frac{\alpha}{1-\alpha}\cdot\frac{1}{1-\gamma}\cdot I \qquad (18)$$

因此，根据式（18）可知，在一定的殖民统治时期下，殖民政府建设性倾向指标取决于宗主国制度 I，政府目标函数中基础设施权重 γ，以及资本产出弹性 α。由此得出以下结论：

第一，宗主国制度越好，殖民政府对殖民地基础设施建设程度越高。这是因为宗主国制度越高，基础设施对产出的贡献越大，殖民政府因此能得到更多的税收收入，所以愿意投入更多基础设施建设。

第二，政府目标中考虑基础设施比重 γ 越高，则越倾向于提高殖民地的建设程度。这个结果比较直观，因为基础设施建设本身是政府目标的一部分，如果这个目标权重越大，建设程度就越高。

第三，资本产出弹性 α 越高，殖民政府对殖民地基础设施的建设程度越高。这是因为基础设施本身是另外一种形式的资本，基础设施发挥的效率还取决于当地经济资本产出弹性，因此 α 越高，基础设施建设程度越高。

　　至此，本章"结论一"从横向比较的角度，解释了在许多条件相似的情况下不同的殖民政府采取不同的建设倾向的内在原因；而"结论二"可以从纵向历史比较的角度，解释殖民政府在各个历史阶段采取不同的建设倾向的原因。

第五节　港澳比较研究

　　以下我们用港澳比较研究案例进一步验证本章结论。香港、澳门有许多非常相似的历史条件：相似的殖民统治历史；① 殖民统治之前相似的人口特征和当地文化基础；② 殖民统治之前相似的资源禀赋；③ 殖民统治时期港澳均实行自由港与低税率经济制度；④ 港澳殖民政府都面临政权移交问题，而且移交时间接近，分别是1997 年和 1999 年。

　　但是，在这些相似历史条件下，港澳殖民地宗主国却选择了不同的殖民地建设倾向：英国在香港采取的是建设性殖民策略，而葡萄牙在澳门采取的是非建设性殖民策略。这些策略演化成两个殖民地的制度安排，即建设性财政制度安排和非建设性财政制度安排。

---

　　① 英国人通过 1842 年的《中英南京条约》、1860 年的《中英北京条约》、1898 年的《中英展拓香港界址专条》等三个不平等条约，强行割占了香港；葡萄牙殖民者在1845 年单方面宣布澳门为"自由港"，1933 年葡萄牙宪法称"澳门是葡萄牙主权管辖下的领土"，1955 年，葡萄牙宣布澳门是它的海外省份（陈昕、郭志坤，1997，1999）。

　　② 在英国和葡萄牙殖民政府之前，当地居住的都是华人，影响当地的是基本相同的文化体系。

　　③ 港澳均为小岛型经济体，没有资源，唯一具有的天然条件是地理位置优越，殖民统治之前经济基础都不发达（邓丽君、郑天祥，2003）。

　　④ 在被英、葡占领之初，作为远离管治国本土又缺乏资源的小型经济体，香港与澳门一开始便被允许财政独立，因没有资源优势，只能以低税率吸引外资，所以港澳的税率低、税制简单（邓丽君、郑天祥，2003）。

这种区别体现在基础设施建设①方面：

社会基础设施②（Social Infrastructure）建设方面，香港实行"积极不干预"政策，③ 澳门实行"基本不干预"政策，这种殖民政府策略的区别使得港澳社会基础设施产生较大的差别：与澳门相比，香港是一个法制社会，法律有效的控制经济运行及社会发展；香港的土地政府垄断不排斥经营上的垄断竞争，而澳门的赌业垄断专营制则窒息了该行业的竞争。

硬件基础设施建设方面：香港政府通过每年的财政支出建设国际机场、筑路修桥、公共房屋、电信基建和集装箱码头。而澳门则实施从葡萄牙移植过来的、被诺斯（1973）称为通过"转让垄断权"换取财政收入的专营制，将政府职能中的基础设施建设功能转移给专营公司。专营公司不仅要上缴专营税，还要负责市政建设、对外交通、社会福利事业等。④ 另据瑞士洛桑国际管理学院（IMD）历年发表的《全球竞争力年度报告》，香港的"基础设施"指标也排在世界前列，远远高于澳门基础设施的建设水平。

---

① 本书指广义基础设施，即包括硬件基础设施和社会基础设施。

② Hall 和 Jones（1999）将"社会基础设施"定义为制度和政府政策，这些制度和政府政策决定了个人积累技能和公司积累资本与生产的经济环境。

③ 港英政府财政司夏鼎基分别在 1973 年 11 月在"管理人员与转变中的香港环境"会议演讲词、1979 年 9 月"过渡中的香港经济"演讲词、1980 年 12 月在香港工业总会演讲词中提出了"积极不干预"政策，并解释了"积极"的含义。

④ 1962 年澳葡政府与泰兴娱乐公司订立 8 年专营合约规定，该公司每年的净利润中，要用于澳门的慈善事业；购置水翼船，改善香港、澳门间的交通；为保持内港畅通，每年疏浚河道 100 万立方米。1982 年《澳门幸运博彩新法律》规定，专营公司在批给期间确保香港与澳门之间有定期班次的快速载客的交通运输能畅通行驶；对疏通海上和港口工作作出贡献。1986 年澳门政府与博彩专营公司签署的《博彩专营修订合约》中规定，专营公司有责任参与并投资于第二澳乙水大桥（即友谊大桥）、澳门国际机场、新澳港客运码头、乙水城区建设等大型发展计划，并着力组建基金会赞助科学、慈善、文化、艺术活动。澳门旅游娱乐有限公司同澳门政府签订的《专营合约》规定，该专营公司还必须保证港澳间至少有三艘普通船只（每周 30 班）和九艘气垫船（每日 84 班），每年最少的客运量为 1000 万人次；负责疏浚航道及停泊区；将船只交政府船坞维修；致力于外港填海区建设工程（陈昕、郭志坤，1999）。

　　由此可见，港澳具有相似的殖民统治历史、人口、文化、资源禀赋和回归时间条件，[①] 但是殖民地宗主国却采取了不同的殖民策略。港英政府重视基础设施的建设，采取的是建设性殖民策略；而葡萄牙殖民地澳门采取的是非建设性殖民策略，不仅基础设施建设低于港英政府，而且把政府一些公共职能转交给专营公司完成。那么，港澳在相似的初始条件下，殖民地宗主国为什么采取不同的殖民制度？两个殖民地政府基础建设投入为什么有如此大的差别？

　　本章理论模型的结论表明，在初始条件相似的条件下，宗主国制度越好，殖民政府对殖民地基础设施建设程度越高。因为宗主国制度越高，基础设施对产出的贡献越大，殖民政府因此能得到更多的税收收入，所以愿意投入更多基础设施建设。现有文献表明，英国制度比葡萄牙制度更能促进经济增长（La Porta et al. ，1998），所以港英殖民政府的建设倾向就高于葡澳殖民政府。

　　值得注意的是，本章"结论二"指出，政府目标中考虑基础设施比重 γ 越高，则越倾向于提高殖民地的建设程度。这可以解释港澳在殖民统治期间，即使宗主国制度不变，但殖民政府的建设倾向却发生调整的特殊现象。以香港为例，宗主国制度 I 不变的情况下，接近回归时却加大基础设施的投资，就是因为政府目标发生了变化：港英殖民政府目标函数中基础设施的权重提高，并以此显示殖民政府对人民福利的关心，以期延长英国政府对香港的影响力和未来利益。

第六节　结论及启示

　　许多经济学家关注制度和政府政策的差异，新制度经济学家认

---

　　① 这也是本书选取港澳作为殖民策略研究对象的原因，由于两地具有许多极其类似的条件，可以避免这些相似因素的影响，更容易分析殖民者采取不同策略的原因。

为制度安排导致经济绩效的巨大差异。但在殖民地为什么会产生政策差异，即殖民制度和政府政策的态度的决定因素方面，却还没有一致看法。本章通过建立厂商和政府的动态博弈模型，设立殖民政府的目标函数及其最优化过程，厂商根据政府的税收政策和基础设施建设程度决定投资量，政府根据厂商的最优投资量决定税收政策和基础设施建设。通过分析殖民政府建设倾向，本章在以下两个方面对文献作了进一步发展：

　　一方面，通过建立厂商和政府的动态博弈模型，根据均衡状态下殖民政府建设性倾向变量分析，实现了青木昌彦（Aoki, 2001）提出的博弈均衡制度观，验证了诺斯（1981）等人强调的宗主国制度对殖民地的影响，打开了制度经济学"黑箱"里面的内在机制。

　　另一方面，本书采用港澳作为案例分析的对象，进一步验证了理论。证明了香港澳门在殖民统治前的要素禀赋、自然环境和人口等初始条件都相似的情况下，港澳殖民政府之所以采取不同的建设倾向，根本原因在于宗主国制度的不同，否定了现有部分文献所认为的完全取决于殖民地要素禀赋等初始条件。同时，这也揭示了港澳在许多初始条件相同的情况下经济发展水平差异较大，其中一个重要原因是港澳殖民地宗主国制度的差异，使得港澳基础设施建设倾向差异较大，引起当今香港经济发展水平高于澳门。这也进一步验证了现有研究讨论的港澳殖民制度引起两地经济发展差异的观点，如诺斯对于澳门宗主国葡萄牙政府的财政政策的看法是，"用产权换取税收收入是一种有效的短期解决办法，但这种短期解决方法会产生具有破坏性的长期效果"。陈广汉（2000）① 基于诺斯这

---

　　① 陈广汉：《对澳门经济发展中的几个深层问题的思考》，《反思与前瞻》，香港天地图书有限公司 2002 年版。

个观点论证了澳门专用产权换取收入的专营权制度对澳门经济的影响。他认为这种以产权换取收入的专营权制度造成垄断，通过其激励机制影响了资源的配置效率，最终会不利于经济的增长。而经济增长的减弱会使政府税收的基础更加薄弱，产生一种恶性循环。可见，正如宗主国不同制度和产权的延续是造成今天南北美洲巨大差异的历史根源，相似的情况同样十分明显地反映在曾经分别由葡萄牙和英国管治的澳门和香港上。这从一个制度经济学角度解释了港澳在许多历史条件和基础相似的情况下经济出现较大差距的原因。认识到经济差距背后的根源，对于当今的港澳特别行政区政府发展经济有重要意义。当今港澳特区政府要进一步推动经济发展，势必要重视提高基础设施，包括社会基础设施和硬件基础设施的质量和数量。

　　当然，如果本章理论模型考虑不确定性波动会导致什么结果；如何用实证验证港澳殖民时期宗主国制度、基础设施建设支出与经济增长的关系；以及这些建设对现在港澳经济差距产生的影响，这些问题都值得做进一步的深入研究。

第五章

制度、基础设施与经济增长的理论研究[①]

本章建立包含制度因素的生产函数，通过动态规划和比较静态分析，讨论了制度、人均基础设施与经济增长的关系。通过研究发现，制度质量不同，资本的边际产品随人均资本积累变化的趋势不同。而且制度会通过影响人均资本产出弹性而影响基础设施对经济增长的贡献，从而导致经济增长率的不同。而且本章证明了最优税率随制度质量提高而变高。最后，经济增长的稳定状态也取决于制度质量，制度质量越高，均衡状态时的人均消费越大，所需人均资本投入越小。

第一节　前言

经济增长理论中，以巴罗（1990）为代表的学者研究了财政政策与经济增长的关系。巴罗把公共部门引入具有规模报酬不变的"AK"生产函数中，建立了一个以政府支出为中心的内生增长模型，并得出一个最优财政支出规模。在此基础上，现有文献主要从以下三个方面进一步发展了巴罗模型：

第一种思路考虑公共品的拥挤效应。巴罗（1995）认为考虑政府服务拥挤性的框架更加合适，因为很多政府性服务都要受到拥挤的限制。对于一个给定的总服务数量来说，个人能利用的数量随

---

① 本章主要内容已以本书作者为第一作者发表于《南方经济》2007年第3期。

着其他使用者的涌入而下降。由此巴罗（1995）认为诸如公路或供水及供电系统之类的公共服务来说，可以公共支出与产出之比 G/Y 进入生产函数之中。马树才和孙长清（2005）的研究也强调了公共品的拥挤效应，他将公共支出的产出弹性中引入拥挤指数 β 进入生产函数。而娄洪（2004）则设定公共支出与资本投入之比 G/K 作为其中的拥挤程度指数。

由于公共财政包含的项目较多，而每个项目对经济增长的作用不同，因此第二种思路是进一步分析公共财政的某些具体支出项目。二神、森田和柴田（Futagami & Morita & Shibata，1993）将政府资本包含在财政支出之中，伊斯特利和雷贝洛（Easterly & Rebelo，1993），德沃拉俭、斯瓦鲁普和邹（Devarajan，Swaroop & Zou，1996）则研究了政府在教育、交通、国防上的支出对经济增长与社会福利的影响。

第三种思路实证分析财政支出、政府规模或公共财政与经济增长之间的关系（Kormendi & Meguire，1985；Grier & Tullock，1987；Landau，1983；Barth & Bradley，1987；Barro，1989；马树才和孙长清，2005；Levine & Renelt，1992；Hall & Jones，1997；Easterly & Rebelo，1993；Barro & Sala – I – Martin，1995）。

然而，值得注意的几个问题是：首先，现有模型是建立在公共支出的作用完全发挥效率的基础上，而现实中财政支出对经济增长的贡献很大程度上受政府运行效率的影响，而这又和制度质量紧密相关，那么如果在巴罗（1990）政府与增长模型的基础上考虑制度因素会有什么影响？其次，现有文献关于财政支出对经济增长的影响是正还是负并没有统一的结论，而且对财政支出中的选取的具体支出项目不同，得出的实证结果也不同，那么，经济增长模型中应该关注财政支出中的哪些项目？最后，政府服务的拥挤效应在模型中应该怎么体现？

本章在巴罗（1990）等人的财政支出与经济增长理论模型的基础上考虑了以下几点：第一，本章强调了影响基础设施发挥作用的制度因素；第二，将财政支出具体化为对经济长期增长正效应的基础设施；第三，考虑了基础设施的拥挤效应，与人为设定拥挤程度指数不同，本章将基础设施的人均量进入函数，避免了拥挤指数值范围的讨论；最后，由于基础设施对私人资本具有正外部性，本章模型设定基础设施和私人资本结合才能发挥资本的经济增长效应。通过模型分析，研究了基础设施、制度与长期经济增长的关系。

本章结构安排如下：第一部分前言，提出现有文献的问题和本章简介；第二部分模型设定，对现有财政支出模型中的问题进行评述并设定模型；第三部分在现有模型基础上建立制度、基础设施与经济增长模型，并对结果进行讨论；第四部分结论。

第二节　模型设定

一　财政支出与经济增长基本模型

关于经济增长与财政支出的理论模型，巴罗（1990）采用的生产函数形式为：

$$Y = AK_i^{\alpha}L_i^{1-\alpha}G^{1-\alpha} \tag{1}$$

其中 K_i 代表资本数量，L_i 代表劳动力数量，G 代表政府为企业生产所提供的公共物品，$0 < \alpha < 1$。表明每个企业的生产都呈现对私人投入 K_i 和 L_i 的不变规模报酬。对于固定的 L_i，生产函数规定 Y 对 K_i 和 G 的不变报酬，因此经济能实现内生增长。还要注意到从 G 的增加提高了 L_i 和 K_i 的边际产品的意义上说，生产函数的这个形式意味着公共服务与私人投资是互补的。这样，巴罗就把公共部门引入具有规模报酬不变的"AK"生产函数中，建立了一个以财政支出为中心的内生增长模型，并得出一个最优财政支出规模。

二　关于政府财政支出活动中基础设施的作用

在 Barro "AK" 模型的基础上，有学者对财政支出的具体项目进行研究，二神、森田和柴田（1993）将政府资本包含在财政支出之中，伊斯特利和雷贝洛（1993），德沃拉俭、斯瓦鲁普和邹（1996）则研究了政府在教育、交通、国防上的支出对经济增长与社会福利的影响。也有许多学者（Kormendi & Meguire，1985；Grier & Tullock，1987；Landau，1983；等等）实证分析财政支出、政府规模或公共财政与经济增长之间的关系。

但是，以上文献仅仅表明财政支出影响经济增长，关于财政支出对经济增长的影响是正还是负并没有统一的结论。而且财政支出中选取的具体项目不同，得出的实证结果也不同。因为财政支出包括各个方面的项目（经济、教育、环境及食物、卫生、房屋、基础建设、保安、社会福利和辅助服务等），并不是每项支出都能促进经济增长。巴罗（1990）后来也注意到是财政支出中的"生产性支出"对私人厂商具有正外部性。他认为，政府的生产性支出也是企业的一种资本品，由于政府提供的公共产品（生产性支出活动）对私人厂商具有很强的外部性，所以政府的生产性支出可以保证资本的边际收益不趋向于零，政府是推动经济增长的决定力量。事实上，如果集中研究政府财政支出中的基础设施项目，则发现对经济增长的影响更加明确。① 因此，本章认为政府总支出中的

① 世界银行《1994 年世界发展报告》指出，"基础设施与发展之间的确切关系目前尚无定论，但基础设施能力是与经济产出同步增长的——基础设施存量增长 1%，GDP 就会增长 1%，各国都如此"。但该结论并不是根据 GDP 与基础设施存量之间的相关关系的研究得出的，仅仅是根据部分国家的人均基础设施存量的数量如何随人均国民收入的增长而增长的统计资料得出的，且没有给出绝对量的测算结果。按照世界银行的定义，基础设施包括电力、电信、自来水、卫生设施与排污、固体废弃物的收集和处理及管道煤气、公路、灌溉工程以及交通部门。

"基础设施"支出项更能表明对经济增长的贡献。

三　关于基础设施的拥挤效用在模型中的设定

巴罗和萨拉·I. 马丁（1995）对政府支出"作为一种生产投入的公共服务"和"作为对产权的一种影响的公共服务"建立了"生产性政府服务的拥挤模型"，认为应该考虑了公共品的竞争性导致的拥挤效应。关于公共服务的拥挤效应，后来有学者（马树才和孙长清，2005）人为主观设定拥挤指数并对不同的拥挤程度指数分别讨论，娄洪（2004）则设定 $\beta = G/K$ 作为其中的拥挤程度指数，这些方法具有一定的人为主观设定拥挤程度。而巴罗（1995）则设定 G/Y 可以直接进入生产函数，避免拥挤程度的讨论，但是 G/Y 并不能很好地体现基础设施的拥挤程度。为此，本章选取人均基础设施支出避免拥挤效应的讨论，即设定 $g = G/L$ 直接进入生产函数。

四　影响基础设施对经济增长贡献的制度因素

诺斯（1981）认为，制度环境是一系列用来确定生产、交换与分配的基本的政治、社会、法律规则，制度安排是支配经济单位之间可能合作与竞争方式的规则，而制度本身是"一整套规则，它遵循的要求和合乎伦理道德的行为规范，用以约束个人的行为。"他将制度因素纳入经济增长的框架，把制度作为经济增长的内生变量，应用现代产权理论说明制度变迁与经济增长的关系。在此基础上，新制度经济学家认为制度安排支配着公众及私人的行为，从而影响资源配置的效率，导致经济绩效的差异。科弗和雪莉（2000）通过数理分析显示出一个经济增长或投资与"国际风险指标"（ICRG）显著正相关。斯卡利（1988）在分析了115个国家在1960—1980年间数据的基础上得出结论：那些政治开放、法律健全、具有明晰产权以及通过市场配置资源的国家的实际人均 GDP 的增长率为 2.71%；相反，那些在上述方面存在明显缺陷的国家的增长率为 0.91%。萨拉·I.马丁（1997）指出，一个国家的法律规则与经济增长存在着密切的联系。巴罗（2001）的研究结果则表明，可靠的财产权利与强有力的法律是经济增长的主要因素之一。

这些文献从各个角度证明制度质量不同对经济增长的影响也不同。值得注意的是，根据现有研究，"制度质量"衡量指标和代理变量主要有以下几种：① （1）法治指标 RL（Keefer and Knack，1995；Barro，1996）。法治程度越高，说明政府制度建设投入越积极，制度质量越高。（2）国际风险指数 ICRG 排名（Borner，Brunetti and Weder，1995）。这是由政治风险服务机构制定的指标，用于反映产权确定性和契约执行效率的几个方面：法律制度、财产受剥夺风险、政府否认契约的可能性大小、政府腐败以及官僚机构的质量。（3）衡量人们持有契约关联货币意愿的指标。祈德尊（1995）采用（M2 - M1）/M2 作为衡量一国所有契约能否执行的代理指标。（4）政府效率指数 BQ 和政府腐败指数 CORR（Keefer and Knack，1995；Barro，1996）。由于本章关注的是公共支出中的基础设施支出，强调制度质量中影响基础设施发挥效率的因素，因此制度质量衡量指标选取政府效率指数 BQ（Keefer and Knack，1995；Barro，1996）。

制度可以通过政府行为影响基础设施对经济增长的贡献，不同的制度质量，g 的贡献不同。特别是比较两个国家或地区之间经济增长，更应考虑两地制度影响的不同产生的区别，但是现有关于基

---

① 关于"制度质量"的衡量，虽然现有研究对此并没有完全一致的结论，但这为进一步用实证方法验证制度对经济增长影响提供基础，从而可以进一步检验理论模型。

础设施对经济增长的影响的数理模型忽略了制度因素。据此，本章考虑在生产函数中引入制度因子 I。制度越好，即政府效率指数 BQ 越高，则 I 值越高。基础设施作为政府公共支出的重要部分，它对产出的影响很大程度上取决于政府运作效率，从现有文献看，大部分制度质量衡量指标都是以政府效率为基础的。因此，g 在多大程度上促进经济产出取决于 I 的大小，本章设定 g^I 进入生产函数。

五　基础设施作为资本的外部性和内生性性质

Barro（1990）认为，政府的生产性支出也是企业的一种资本品，由于政府提供的公共产品（生产性支出活动）对私人厂商具有很强的外部性，所以政府的生产性支出可以保证资本的边际收益不趋向于零。因此政府的基础设施建设的外部性相当于私人资本增加。所以，本章设定 g^I 的产出弹性和 K 相同，即 α。

此外，有些文献把基础设施当作外生给定，另一种观点则认为基础设施是内生的，即由经济产出中政府收入中的一定比例。由于大部分国家和地区很少有外生投资、不需要消耗产出的基础设施，所以，本章将投资内生化，即认为经济中的基础设施资本存量由政府部门通过对产出的一次性总税赋进行融资建设。

第三节　基础设施、制度与经济增长模型

本章的基础设施、制度与经济增长模型假设经济由典型的效用最大化的家庭部门、利润最大化的企业部门和政府部门组成，以动态规划的哈密尔顿方法求宏观经济均衡，并分析制度和人均基础设施对经济增长的影响。

一 家庭部门

无限寿命的典型家庭面临的问题是，最大化由人均消费 c（t）产生的效用 u［c（t）］现值：

$$\text{Max} \quad U = \int_0^\infty e^{-(\rho-n)} \frac{c^{1-\theta}-1}{1-\theta} dt \tag{2}$$

$$\text{s.t.} \ \dot{a} = (r-n)a + w - c \tag{3}$$

$$a(0) = 1 \tag{4}$$

$$\lim_{t\to\infty}\left\{ a \cdot \exp\left[-\int_0^t [r(v)-n]dv \right]\right\} \geqslant 0 \tag{5}$$

其中，a 是人均资产，r 为利率，w 为工资率，n 为人口增长率，ρ 是贴现率。效用函数 u［c（t）］采用了相对风险厌恶不变（CRRA）效用函数，其中 θ 相对风险厌恶系数。典型家庭通过求解上述最大化问题找到最优消费路径和资本积累路径。

二 企业部门

在巴罗研究基础上，我们假定在生产过程中需要投入三种资源：资本 K、劳动 L 和人均基础设施 g，为简化起见，下面我们设定生产函数为柯布—道格拉斯形式：

$$Y = A(Kg^I)^\alpha L^{1-\alpha} = AK^\alpha L^{1-\alpha} g^{I\alpha} \tag{6}$$

其中，假定 Y 对几个变量递增、严格凹、一阶齐次、可微，K 为资本，g＝G/L 为人均政府提供的基础设施数量，α 为资本的产出弹性，I 表示制度质量，且 $0 \leqslant I \leqslant 1$，本书制度质量选取政府效率指数 BQ（Keefer & Knack, 1995；Barro, 1996）作为代理变量。Kg^I 是根据巴罗的观点设定的。巴罗（1990）认为，政府的生产性支出也是企业的一种资本品，由于政府提供的公共产品（生产性支出活动）对私人厂商具有很强的外部性，所以政府的生产性支

出可以保证资本的边际收益不趋向于零。因此政府的基础设施建设
的外部性相当于私人资本增加。但是应该看到，基础设施的外部性
相当于多大程度上的私人资本，这又取决于制度质量。将式（6）
作对数变换得：

$$\ln Y = \ln A + \alpha(\ln K + I \cdot \ln g) + (1 - \alpha)\ln L \tag{7}$$

可见，g 的外部性多大程度上转化成相当于私人资本的投入取
决于转化因子 I，即制度质量，在本章主要是指制度环境中的政府
效率因素。

企业通过租借资本和雇佣劳动进行生产，在生产过程中所使用
的基础设施由政府免费提供，企业按照一定的比例缴纳税收，税率
为 τ。

方程（6）两边除以 L，得：

$$y = f(k,g) = Ak^{\alpha}g^{I\alpha} \tag{8}$$

其中，$f(k,g) = \dfrac{F(K,L,g)}{L}$ 为人均产值，$k = \dfrac{K}{L}$ 为人均资本。

由于本章假设基础设施 g 是内生的公共投资形成，为了简明起
见，即基础设施支出全部来自税收，税收收入也全部用于公共支出
中的基础设施。[①] 因此，

$$g = \tau y = \tau Ak^{\alpha}g^{I\alpha} \tag{9}$$

解得：

$$g = (\tau Ak^{\alpha})^{\frac{1}{1 - I\alpha}} \tag{10}$$

将（10）代入（8）可得：

$$y = f(k,g) = Ak^{\alpha}(\tau Ak^{\alpha})^{\frac{I\alpha}{1 - I\alpha}} = A(\tau A)^{\frac{I\alpha}{1 - I\alpha}}k^{\frac{\alpha}{1 - I\alpha}} \tag{11}$$

---

① 现实中，税收总收入并不完全用于公共支出中的基础设施，而是以一定比例用
于基础设施，即税收收入乘以某个比例才用于基础设施支出，但是否在模型中设定这个
基础设施占公共支出的比率并不影响本书结论。在相关理论模型的研究中，巴罗
（1990）和萨拉·I. 马丁（1995）等经典文献也采取类似简化方法。

将 y 对 k 求一阶导,

$$f'(k,g) = \frac{A\alpha}{1 - I\alpha}(\tau A)^{\frac{I\alpha}{1-I\alpha}} k^{\frac{\alpha-1+I\alpha}{1-I\alpha}} \quad (12)$$

企业面临的问题是在给定的工资率 w、利率 r、政府税收 τ 和基础设施 g 条件下，按照生产函数进行生产，并通过控制资本量 k 使得税后利润最大化，即：

$$\text{Max} \quad [(1-\tau)f(k,g) - w - (r+\sigma)k] \quad (13)$$

其中 σ 为折旧率，r 为租金率。根据利润最大化，将式（13）对 k 求一阶条件，得资本的边际产出（租金率与折旧率之和），

$$r + \sigma = (1-\tau)f'(k,g) = (1-\tau)\frac{A\alpha}{1-I\alpha}(\tau A)^{\frac{I\alpha}{1-I\alpha}} k^{\frac{\alpha-1+I\alpha}{1-I\alpha}} \quad (14)$$

根据式（14）k 的指数项表明：

（1）当 I = 0 时，人均资本的指数项 $\frac{\alpha-1+I\alpha}{1-I\alpha} = \alpha - 1 < 0$，与未考虑基础设施的生产函数的情况相同，表明资本边际报酬递减完全取决于人均资本的积累速度，由于制度落后，基础设施提供的服务对生产没有产生任何作用。

（2）当 0 < I < 1 时，人均资本的指数项 $0 > \frac{\alpha-1+I\alpha}{1-I\alpha} > \alpha - 1$，表明基础设施的使用并未阻止资本的边际产品随人均资本积累而递减的趋势，但是，通过使用基础设施，私人资本的边际产品递减和未使用基础设施相比变得比较平缓。

（3）当 I = 1 时，人均资本的指数项 $\frac{\alpha-1+I\alpha}{1-I\alpha} = \frac{2\alpha-1}{1-\alpha} > \alpha - 1$。

如果 $0 < \alpha < 0.5$，人均资本的指数项 $0 > \frac{\alpha-1+I\alpha}{1-I\alpha} > \alpha - 1$，表明基础设施的使用并未阻止资本的边际产品随人均资本积累而递减的趋势，但是，私人资本的边际产品递减与未使用基础设施相比变得比较平缓。

如果 $\alpha = 0.5$，人均资本的指数项 $\dfrac{\alpha - 1 + I\alpha}{1 - I\alpha} = 0 > \alpha - 1$，表明基础设施的使用使得资本的边际产品不会随人均资本积累而递减，边际产品不变。

如果 $0.5 < \alpha < 1$，人均资本的指数项 $\dfrac{\alpha - 1 + I\alpha}{1 - I\alpha} > 0 > \alpha - 1$，表明基础设施的使用不仅阻止了资本的边际产品随人均资本积累而递减的趋势，相反，边际产品递增。

根据以上讨论得出如下命题：

命题一：制度质量不同，资本的边际产品随人均资本积累变化的趋势不同。如果制度非常落后，基础设施提供的服务对生产没有产生任何作用，资本边际报酬递减完全取决于人均资本的积累速度；随着制度质量的提高，通过使用基础设施，私人资本的边际产品递减和未使用基础设施相比变得比较平缓；当制度质量非常高时，随着 α 的增加，资本的边际产品随人均资本积累呈递减、不变和递增三种不同状态。

三 分权经济下的宏观经济均衡

由于本章模型中以人均基础设施进入生产函数，可以避免娄洪（2004）等强调的基础设施拥挤程度对结果的影响，因此关于分权经济下宏观经济均衡的讨论着重分析制度因素的影响。在均衡时，所有的需求等于供给，典型家庭的最终负债为零，国内全部的资本存量由国内居民所有，人均资产和人均资本相等，即 $a = k$。企业和家庭都面临着给定的利率 r 和工资率 w，结合企业利润最大化条件，宏观经济的目标函数及约束条件为：

$$\text{Max} \quad U = \int_0^\infty e^{-(\rho - n)} \frac{c^{1-\theta} - 1}{1 - \theta} dt \tag{15}$$

$$\text{s.t.} \quad \dot{k} = (1 - \tau)y - c - (\sigma + n)k \tag{16}$$

$$k(0) = 1 \tag{17}$$

$$\lim_{t \to \infty}[k \cdot e^{-r(t)t}] \geq 0 \tag{18}$$

为了分析基础设施对经济增长率的影响，建立现值哈密尔顿方程：

$$H(c,k,\lambda) = \frac{c^{1-\theta}-1}{1-\theta} + \lambda[(1-\tau)y - c - (\sigma+n)k] \tag{19}$$

将（11）代入（19）即：

$$H(c,k,\lambda) = \frac{c^{1-\theta}-1}{1-\theta} + \lambda[(1-\tau)A(\tau A)^{\frac{I\alpha}{1-I\alpha}}k^{\frac{\alpha}{1-I\alpha}} - c - (\sigma+n)k] \tag{20}$$

由一阶条件 F. O. C：c

$$\frac{\partial H}{\partial c} = c^{-\theta} - \lambda = 0 \tag{21}$$

对数变换后求导得：

$$\frac{\dot{c}}{c} = -\frac{1}{\theta}\frac{\dot{\lambda}}{\lambda} \tag{22}$$

由欧拉方程得：

$$\frac{\partial H}{\partial k} = \lambda[(1-\tau)A(\tau A)^{\frac{I\alpha}{1-I\alpha}}\frac{\alpha}{1-I\alpha}k^{\frac{\alpha-1+I\alpha}{1-I\alpha}} - (\sigma+n)] = -\dot{\lambda} + (\rho - n)\lambda \tag{23}$$

联立（22）（23）解得均衡状态下人均消费增长率，

$$\gamma_c = \frac{\dot{c}}{c} = \frac{1}{\theta}[\frac{\alpha}{1-I\alpha}(1-\tau)A(\tau A)^{\frac{I\alpha}{1-I\alpha}}k^{\frac{\alpha-1+I\alpha}{1-I\alpha}} - \sigma - \rho] \tag{24}$$

（一）分析制度对人均消费增长率的影响

（1）当 I = 0 时，$\gamma_c = \frac{\dot{c}}{c} = \frac{1}{\theta}[\frac{\alpha}{1-I\alpha}(1-\tau)Ak^{\alpha-1} - \sigma - \rho]$，与未考虑基础设施的生产函数情况相同，人均消费增长率随人均资本的积累而单调下降，基础设施由于制度落后的原因对产出没有

贡献。

（2）当 $0 < I < 1$ 时，人均资本的指数项 $0 > \dfrac{\alpha - 1 + I\alpha}{1 - I\alpha} > \alpha - 1$，表明基础设施的使用对人均产出有一定程度的额外贡献，这种贡献会随人均资本积累而导致增长率下降。I 越接近 1，这种贡献越大，增长率下降越慢。由于减缓了长期增长率递减速度，实际上起到了提高长期经济增长率的作用，即基础设施对长期增长有正影响。

（3）当 $I = 1$ 时，$\gamma_c = \dfrac{\dot c}{c} = \dfrac{1}{\theta}\left[\dfrac{\alpha}{1 - I\alpha}(1 - \tau)A(\tau A)^{\frac{\alpha}{1-\alpha}}k^{\frac{2\alpha-1}{1-\alpha}} - \sigma - \rho\right]$。

如果 $0 < \alpha < 0.5$，人均资本的指数项 $0 > \dfrac{\alpha - 1 + I\alpha}{1 - I\alpha} > \alpha - 1$，表明基础设施的使用使企业获得资本投入，虽然没有阻止人均消费增长率随人均资本积累而递减的趋势，但是，减缓了递减趋势。

如果 $\alpha = 0.5$，人均资本的指数项 $\dfrac{\alpha - 1 + I\alpha}{1 - I\alpha} = 0 > \alpha - 1$，表明私人企业通过基础设施的使用使得人均资本 k 的指数为 0，即人均消费增长率不会随人均资本积累而递减，边际产品不变。

如果 $0.5 < \alpha < 1$，人均资本的指数项 $\dfrac{\alpha - 1 + I\alpha}{1 - I\alpha} > 0 > \alpha - 1$，表明基础设施的使用使人均消费增长率不随人均资本积累而递减的趋势，相反，人均消费增长率随人均资本积累而递增。

根据以上讨论得出如下命题：

命题二：制度质量不同，会通过影响人均资本产出弹性而影响基础设施对经济增长的贡献，从而导致经济增长率的不同。当制度非常落后时，人均消费增长率随人均资本的积累而单调下降，基础设施由于制度落后的原因对产出没有贡献；当制度质量逐渐提高时，基础设施的使用对人均产出有一定程度的额外贡献，减缓了长期增长率递减速度；当制度质量非常高时，随着 α 的增加，人均消费增长率随人均资本积累呈递减、不变和递增三种不同状态。

（二）讨论 τ 对人均消费增长率的影响

由式（24）可知 τ 的增加对人均消费增长率产生正负两个方向的影响，一方面 τ 的增加使得 g 提高，增长率提高；另一方面 τ 的增加使得税收的扭曲效应增加，影响经济增长。这点是与贝罗和萨拉·I. 马丁（1995）相一致的。

将式（24）增长率表达式对 τ 求导得：

$$\frac{\partial \gamma_c}{\partial \tau} = \frac{1}{\theta}\left\{\frac{\alpha}{1-I\alpha}A\tau^{\frac{I\alpha}{1-I\alpha}}k^{\frac{\alpha-1+I\alpha}{1-I\alpha}}\left[-\tau^{\frac{I\alpha}{1-I\alpha}}+(1-\tau)\frac{I\alpha}{1-I\alpha}\tau^{\frac{I\alpha}{1-I\alpha}-1}\right]\right\}$$
$$= 0 \tag{25}$$

当 $\tau \neq 0$，解得：

$$\tau = I\alpha = \begin{cases} 0, & \text{如果 } I = 0 \\ I\alpha, & \text{如果 } 0 < I < 1 \\ \alpha, & \text{如果 } I = 1 \end{cases}$$

以上求得当 I 取不同值时的 τ 即为使得人均消费增长率最大的一次性总税赋的税率。税率与增长率的关系如图 5—1 表示，由式（14）可知，当 τ 较低时，资本的边际产品随 τ 增加而增加，因而增长率也较高。随着 τ 上升，扭曲性税收的负面作用增大，资本边际产品随 τ 上升而下降，增长率的增速减缓。当 I = 0 时，最优税率为 0。这从直观上可以理解，I = 0 时由于制度落后使得基础设施对经济增长没有贡献，因此，不应征收税收用于基础设施建设；当 0 < I < 1，最优税率 Iα；当 I = 1 时，最优税率相对较高，即 α > Iα。以上分析揭示了用于基础设施的最优税率与制度之间的关系。

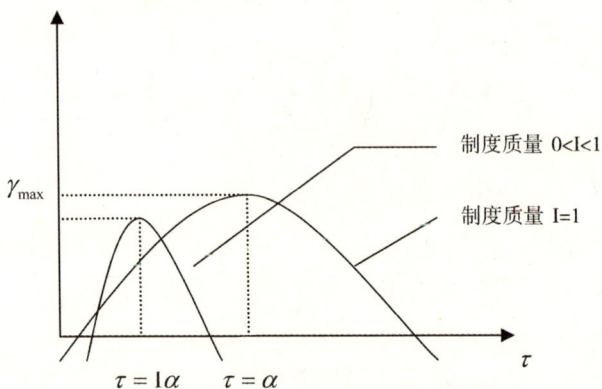

图5—1　不同制度下的最优税率

根据以上讨论得出如下命题:

命题三:制度质量不同,最优税率不同。制度质量越高,则用于基础设施的最优税率越高。当制度非常落后时,基础设施对经济增长没有贡献,最优税率为零。

(三) 制度质量对稳定状态的影响

当经济均衡时, $\dot{k}=0$ 且 $\dot{c}=0$,由式 (16) 和 (24) 得:

$$c = (1-\tau)f(k,g) - (\sigma+n)k = (1-\tau)A(\tau A)^{\frac{I\alpha}{1-I\alpha}}k^{\frac{\alpha}{1-I\alpha}} - (\sigma+n)k \tag{26}$$

$$\frac{1}{1-\tau}(\sigma+\rho) = f'(k,g) = \frac{A\alpha}{1-I\alpha}(\tau A)^{\frac{I\alpha}{1-I\alpha}}k^{\frac{\alpha-1+I\alpha}{1-I\alpha}} \tag{27}$$

我们构造一个由 k,c 构成的平面图5—2,则 (26) 构成了 $\dot{k}=0$ 的轨迹,是一个凹向横轴的曲线,这是因为曲线与横轴有两个交点,由式 (26) 解 c=0,得 k=0 或 $f'(\cdot)=n+\sigma$ 。根据式 (27),当 $0 \leqslant I < 1$,或 I=1 且 $0 < \alpha < 0.5$ 时,k 的指数小于0。这时在 $\dot{c}=0$ 附近如果减少 k,则 $\dot{c}>0$,增加 k,则 $\dot{c}<0$,因此 c 从大

于零变为小于零，式（27）构成了 $\dot{c}=0$ 的轨迹。

由式（27）解得 $\dot{c}=0$ 时，

$$k = \left[\left(\frac{1-\tau}{\sigma+\rho} \right) \left(\frac{1-I\alpha}{A\alpha} \right) (\tau A)^{\frac{-I\alpha}{1-I\alpha}} \right]^{\frac{1-I\alpha}{\alpha-1+I\alpha}} \tag{28}$$

可见，当 $\dot{c}=0$，I 越大，k 越小。由式（25）可知，当 $\dot{k}=0$，I 越大，c 越大。

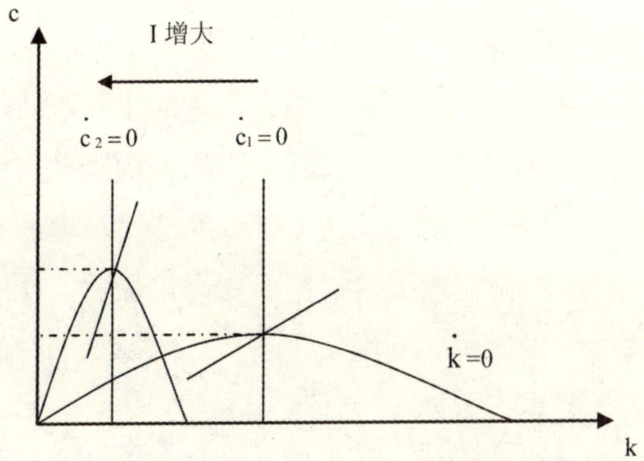

图5—2　不同制度下的稳定状态

另外，图5—2给出了制度质量对稳定的影响，$\dot{c}_1=0$，$\dot{c}_2=0$ 分别是对应 I 值由小到大的情况，可见，$\dot{c}=0$ 的垂直线随 I 值的增加向左移。当 I 值较小时，稳定的人均资本 k^* 较小。但人均消费 c^* 较大，反之亦反。当 I 接近 1 时，k^* 值相当小。当 I 等于 1 时，由式（24）可知人均增长率为常数。

根据以上讨论得出如下命题：

命题四：制度质量不同，经济增长的稳定状态不同。制度质量越高，均衡状态时的人均消费越大，所需人均资本投入越小。

第四节　结论

本章在巴罗（1990）等人的财政支出与经济增长的理论模型的基础上强调了影响基础设施发挥作用的制度因素；将财政支出具体化为对经济长期增长正效应的基础设施；本书将基础设施的人均量进入函数，避免了基础设施拥挤指数值范围的讨论；考虑了基础设施座位公共品对私人资本的正外部性。通过模型分析，研究了基础设施、制度与长期经济增长的关系。

本章通过研究发现，制度质量不同，资本的边际产品随人均资本积累变化的趋势不同。而且制度会通过影响人均资本产出弹性而影响基础设施对经济增长的贡献，从而导致经济增长率的不同。而且本章证明了最优税率随制度质量提高而变高。最后，经济增长的稳定状态也取决于制度质量，制度质量越高，均衡状态时的人均消费越大，所需人均资本投入越小。

当然，本章的结论是在特定的假设条件下得出的，如果消费者效用函数形式不一样，会导致什么结果？如何对基础设施的具体项目进行分别讨论？如何利用本书所提文献中关于制度质量的指标，通过实证检验本书结论？考虑经济增长的其他因素产生什么影响？这些问题都值得做进一步的深入研究。

参考文献

［1］Barro, Robert J. & Gary S. Becker, 1989, Fertility Choice in a Model of Economic Growth, *Econometrica*, 57, pp. 481—501.

［2］Barro, Robert J., 1990, Government Spending in a Simple Models of Endogenous Growth, *Journal of Political Economy*, 98, s103 –

s125.

［3］Barro & Sala – I – Martin, 1995, *Economic growth*, McGraw – Hill, Inc.

［4］Barro, Robert J. , 2001, Human Capital and Growth, *American Economic Review*, 91, pp. 12—17.

［5］Barth, James R. & Bradley, Michael D. 1987, The Impact of Government Spending on Economic Activity, Manuscript. Washington: George Washington Univ.

［6］Devarajan & Swaroop & Zou, 1996, The composition of public expenditure and economic growth, *Journal of Monetary Economics*, Volume 37, Issue 2, April, Pages 313—344.

［7］Easterly & Rebelo, 1993, Fiscal policy and economic growth: An empirical investigation, *Journal of Monetary Economics*, Volume 32, Issue 3, December, Pages 417—458.

［8］Futagami & Morita & Shibata, 1993, Dynamic Analysis of an Endogenous Growth Model with Public Capital, *Scandinavian Journal of Economics*.

［9］Grier, Kevin B. , and Tullock, Gordon, 1987, An Empirical Analysis of Cross national Economic Growth, 1950 – 1980, Manuscript. Pasadena: California Inst. Tech. , December.

［10］Hall, Robert E. & Charles J. Jones, 1997, Fundamental Determinants of Output per Worker across Countries, Stanford University, Manuscript.

［11］Kormendi, Roger C. , and Meguire, Philip G. , 1985, Macroeconomic Determinants of Growth: Cross – Country Evidence. J. Monetary Econ. 16, September: pp. 141—163.

［12］Keefer & Shirley, 2000, *Institutions, Contracts and Organiza-*

tions, Chelentham (UK) & Northampton (USA).

［13］Landau, Daniel L. , 1983, Government Expenditure and Economic Growth: A Cross－Country Study, *Southern Econ.* J. 49 (January): pp. 783—792.

［14］Levine & Renelt, 1992, A Sensitivity Analysis of Cross－Country Growth Regressions, *American Economic Review*, American Economic Association, vol. 82 (4), pages 942—963, September.

［15］North, Douglas C. , 1981, *Structure and Change in Economic History*, W. W. Norton & Co. , New York.

［16］Sala－I－Martin, Xavier, 1997, I Just Run Two Million Regressions, *American Economic Review*, 87, pp. 178—183.

［17］Scully, Gerald W. , 1988, The Institutional Framework and Economic Development, *Journal of Political Economy*, 96, 3 (June): pp. 652—662.

［18］娄洪：《长期经济增长中的公共投资政策》，《经济研究》2004 年第 3 期。

［19］马树才、孙长清：《经济增长与最优财政支出规模研究》，《统计研究》2005 年第 1 期。

［20］世界银行：《一九九四年世界发展报告》，中国财政出版社 1994 年版。

第六章

制度、基础设施与经济增长的实证研究[①]
——基于面板数据的分析

在通过面板单位根和 Granger 因果关系检验的基础上，本章根据面板数据的实证研究检验了制度、基础设施与经济增长的关系，分析了制度对基础设施产出弹性及经济增长的影响。实证结果表明：制度和基础设施都与经济增长存在 Granger 因果关系；基础设施对经济增长贡献显著为正，其产出弹性受制度环境影响；制度因素不仅直接推动经济增长，同时还通过影响基础设施产出从而间接影响经济增长。制度因素中，"政府规模"和"使用稳健货币的权利"对基础设施产出影响显著为正；"对信贷、劳动力和商业的管制"对基础设施产出影响显著为负；而"法律结构和产权保护"则对经济增长产生直接的、显著的正效应。最后，本章指出当前中国为应对金融危机扩大内需的基础设施投入及其所需具体制度环境建设的政策启示。

第一节　引言

为解释国家间收入水平和增长率差异，传统的新古典思路由索洛（Solow，1956）开始，通过卢卡斯（Lucas，1988）和罗默

---

① 本章主要内容已以本书作者为第一作者发表于《经济管理》2009 年第 11 期。

（Romer，1990）等人的扩展，强调生产过程中的物质资本、人力资本和技术进步。但是，这类文献主要关注私人资本投入而忽略了公共资本如基础设施的作用，或者只强调技术进步而忽略了制度因素的影响。针对这个问题，公共经济学思路分析了基础设施等公共支出通过降低生产成本、创造新的市场、降低交易成本和刺激私人投资，从而对经济增长的促进作用（Heller & Diamond，1990；Kessides，1993；World Bank，1994）；而制度经济学则强调制度环境对经济增长的重要性（North，1990；Barro，1996；Hall & Jones，1999）。但问题是：如何在传统的新古典经济增长理论框架下引入这些因素作实证检验？

当前基础设施研究对于中国经济发展具有特别紧迫和重要的现实意义：2008 年为应对全球金融危机国务院扩大内需、促进经济增长的十项措施中就有三项关于基础设施建设；[①] 随后 2009 年 2 月中央政府启动又一轮 1300 亿元投资计划，保障性住房建设、农村"水电路气房"建设、重大基础设施建设、卫生教育重点项目、环境保护工程和结构调整构成了新投资的六条主线。[②] 为使这些基础设施对经济增长产生更大效应，需要哪些具体制度环境的建设？如何从跨国研究中发现"政府规模"、"使用稳健货币的权利"、"对外贸易的自由度"、"对信贷、劳动力和商业的管制"和"法律结构和产权保护"等方面制度因素对基础设施经济增长影响的规律？

因此，本章在通过面板单位根和 Granger 因果关系检验的基础

---

　　① "……二是加快农村基础设施建设。三是加快铁路、公路和机场等重大基础设施建设。四是加快医疗卫生、文化教育事业发展……"选自 2008 – 11 – 10 新华网《国务院常务会议研究部署扩大内需促进经济平稳较快增长措施》。
　　② 选自 2009 – 02 – 03 新华网《1300 亿元中央投资计划启动 950 亿将分配给地方》。

上，根据对 56 个国家面板数据的实证研究检验制度、基础设施与经济增长的关系，分析制度对基础设施产出弹性及经济增长的影响。从而在跨国研究中得出对中国基础设施投入及其所需具体制度环境建设的政策启示。

本章其余部分安排如下：第二部分文献综述；第三部分实证模型与数据说明，在巴罗（1990）模型基础上，考虑基础设施的拥挤效应，并引入制度因素初步设定实证方程；第四部分面板数据单位根和 Granger 因果关系检验，是下一步实证的前提；第五部分制度、基础设施与经济增长，采用面板数据固定效应实证方法，分析在不同的制度环境条件下，基础设施对经济增长的贡献，以及具体制度因素对经济增长的影响；第六部分结论及启示。

第二节 文献综述

自阿绍尔（1989）研究以来国外有大量文献研究基础设施对产出、经济增长和生产率的影响。也有文章对其实证方法和结果差异进行专门的归纳比较（Gramlich，1994；Briceño et al.，2004；Romp and de Haan，2005；Straub and Vellutini，2006；Estache and Fay，2007；Straub，2008）。据 Straub（2008）统计的引用率较高文章所涉及的 80 个不同设定方程中，占 56% 比例的检验结果发现基础设施有显著正效应，38% 的检验发现无显著效应，6% 为显著负效应。这些实证方程的因变量分别采用产出（60%）、产出增长（30%）、生产率（9%）和不平等（1%）；代表基础设施的自变量则为公共资本（44%）或物质指标（56%）；计量技术方面，66% 的文章采用面板数据，其中 35% 用固定效应方法；理论框架则分别有生产函数（58%）、跨国回归（37%）、增长核算（4%）和成本函数（1%）。相比之下，国内专门研究基础设施的文献不仅较为缺乏①，而且由于采用了千差万别的基础设施设定范畴、数据来源、模型设定和实证方法，或者限于早期计量实证工具的问题，导致得出的结果也有争议。基础设施经济增长效应分别有显著或不显著、正效应或负效应、稳健或不稳健的结果。国内研究主要涉及基础设施对经济增长（马树才等，2001；范前进等，2004；娄洪，2004；踪家峰、李静，2006；王任飞、王进杰，2007），或对具体行业如制造业（魏后凯，2001）和种植业（董晓霞等，2006）的影响。此外，也有学者研究基础设施投资的决定因素（张军等，2007；张光南、陈广汉，2009）、政府管理（张春贤，2000；卢现祥，2002；胡家勇，2003）和融资（金雪军等，2003）。这些研究普遍存在基础设施时间序列数据的非平稳问题、国家或地区横截面异方差问题、基础设施选取范畴不规范或不具可比性问题，以及基础设施作为公共品具有的拥挤效应被忽略等问题。

值得注意的是，相同的基础设施投入在不同的制度环境下其产出贡献是存在差异。显而易见，在美国和印度分别投入相同价值或相等长度的公路，由于制度环境不同其产生的经济增长效应必然是不同的。但是，由于数据获得性和实证方法等原因，现阶段较少文献研究不同制度环境对基础设施产出贡献的影响。虽然伊斯法哈尼、拉米雷斯（Esfahani & Ramirez，2003）和格瓦特尼（Gwartney et al.，2006）尝试研究制度、基础设施或者私人投资与经济增长的关系，但却存在较大的不足。伊斯法哈尼和拉米雷斯（2003）在基础设施与经济增长关系的分析中考虑了制度因素，他们通过建立基础设施与经济增长的结构方程，检验制度因素对基础设施与增

---

① 1995—2009年以"基础设施"为标题发表在《经济研究》、《管理世界》、《经济学季刊》、《世界经济》和《统计研究》等重要刊物的文章共13篇。

长之间关系的影响，却忽略了制度环境对基础设施产出弹性的影响；而且文章对于制度因素也重点关注政治民主等方面，缺乏对经济制度环境的分析。而格瓦特尼（2006）的文章则研究制度与投资的关系，并分析制度质量如何通过投资率和投资产出从而影响经济增长，但他们并未涉及公共投资中的基础设施问题，而且采用的计量工具和数据结构过于简单，这也大大影响了结论的可靠性。

现有大量文献已经证明稳定的制度框架是投资所需要的；如果产权保护不够，投资者不愿意承担资本风险，他们担心回报被他人挪用；而且制度是资本市场运行的基础。因此，制度质量较高的国家，私人投资率和资本产出更高。类似的，作为公共资本的基础设施也同样受到制度环境的影响。但是，正如格瓦特尼（2006）指出，衡量制度质量比较困难。虽然有文献尝试采用政治制度指标（Scully，1988）、结合加斯蒂尔政治自由指数和私人公司的国际投资风险的指标（Knack & Keefer，1995）或工具变量方法（Acemoglu, et al.，2001；Hall & Jones，1999）衡量制度质量，但是政治制度忽略了国家税收结构、管制、贸易政策等因素，指标主观决定也很难确保制度衡量的精确性和解释的合理性。工具变量虽然能够避免制度与经济增长的内生性问题，但容易受到模型遗漏其他变量导致的虚假回归的影响，也无法解释促进经济增长的具体制度因素，以及制度质量改变对经济增长的影响有多大。最新的文献提供了解决这些问题的办法，并普遍采用更加丰富的"世界经济自由指数"（EFW）① 以分析较长时期内制度对经济增长的影响（Dawson，1998；Gwartney et al.，1999；Wu et al.，1999）。因为 EFW

① 自从 1986 年以来，The Fraser Institute 的迈克尔·沃尔克和诺贝尔经济学奖获得者米尔顿·弗里德曼共同主持关于经济自由的测度的会议，诺贝尔经济学奖获得者加里·贝克尔和道格拉斯·诺斯也参与了这一系列会议，这些会议导致了世界经济自由指数（EFW）的编制。

指数作为制度质量的衡量指标有如下几点优势：它包含了制度经济学家关注的促进经济表现和提高经济增长的各种制度因素，是一个全面的综合指标；该指数是制度质量直接的衡量标准而不是代理变量，为政策制定者提供直观的含义；更重要的是它具有长时间段数据。因此，本章也将采用 EFW 指数作为制度衡量标准。

第三节　实证模型与数据说明

现有文献普遍忽略了制度对投资的影响。格瓦特尼（2006）则通过研究进一步认为，即使包含制度和其他投入因素的模型也低估了制度对经济增长的重要贡献，因为这些模型忽略了制度还能通过影响投资的水平和产出从而间接影响经济增长。根据其结论，本章研究将制度对投资产出和经济增长的影响扩展为对公共投资基础设施产出和经济增长的影响。

一　实证模型设定

本章研究在巴罗（1990）的政府支出与经济增长模型基础上，考虑基础设施和制度因素对经济增长的影响。巴罗生产函数为：

$$Y = AK_i^{\alpha}L_i^{1-\alpha}G^{1-\alpha} \tag{1}$$

其中 K_i 代表资本数量，L_i 代表劳动力数量，G 代表政府为企业生产所提供的公共物品，$0 < \alpha < 1$。

由于公共品的特性，巴罗和萨拉·I. 马丁（1995）认为应该考虑公共品的竞争性导致的拥挤效应。对此有文献设定 G/Y 或者 G/K 直接进入生产函数，或者设定不同的拥挤程度指数分别进行讨论（巴罗和萨拉·I. 马丁，1995；娄洪，2004；马树才和孙长清，2005）。但是，G/Y 或 G/K 并不能很好的体现基础设施作为公共品的拥挤程度，因为"拥挤"是针对人均或劳均基础设施拥有量而言，而不是指基础设施占国民生产总值 Y 或资本存量 K 的比重，而主观界定公共品的拥挤程度指数方法又具有一定的随意性（张光南，2007）。为此，本章选取劳均基础设施支出，即以 g = GINF/L 进入生产函数，其中 GINF 表示公共支出中的基础设施支出。因此基于 Barro 模型并考虑了基础设施拥挤性问题的生产函数变为：

$$Y = AK^{\beta_1} L^{\beta_2} (GINF/L)^{\beta_3} \tag{2}$$

该生产函数并不设定各要素的规模报酬特性。方程两边求自然对数并对时间 t 求导得：

$$\frac{D(Y)}{Y} = \frac{D(A)}{A} + \beta_1 \frac{D(K)}{K} + \beta_2 \frac{D(L)}{L} + \beta_3 \frac{D(GINF/L)}{GINF/L} \tag{3}$$

基于制度对经济增长的贡献，模型引入制度因素；为反映制度对基础设施产出弹性的影响，设定劳均基础设施与制度的交叉变量；考虑到经济现实中基础设施并不会反过来影响制度环境，因此将交叉项中的制度变量去均值化。初步设定实证方程为：

$$\frac{D(Y_{it})}{Y_{it}} = C + \eta_i + \beta_1 \frac{D(K_{it})}{K_{it}} + \beta_2 \frac{D(L_{it})}{L_{it}} + \beta_3 \frac{D(GINF_{it}/L_{it})}{GINF_{it}/L_{it}} +$$

$$\beta_4 \frac{D(GINF_{it}/L_{it})}{GINF_{it}/L_{it}} \times (EFW_{it} - \overline{EFW_{it}}) + \beta_5 EFW_{it} + \mu_{it} \tag{4}$$

因为本章采用对 56 个国家的面板数据进行实证检验，国家间存在个体差异，初步考虑截面数据的固定效应方法。设定 η_i 表示个体的固定效应，但模型形式是否包含个体的固定效应仍需由具体的 F 检验决定，如接受原假设则模型形式为 Pure Pooled 模型，反之则需采用面板模型。然后通过 Hausman 检验横截面截距项是固定效应还是随机效应，最终的模型形式有待实证检验结果确定。

由于不清楚扰动项 μ_{it} 的结构，因此在回归方程中并未直接设定，有待进一步实证检验。从数据结构看，横截面上各国的差异较大可能会导致组间异方差，需通过 LM 检验判断。如存在则通过

GLS 方法解决，同时采用 White Robust Covariance 方法以取得与稳健异方差一致的协方差估计。

二　变量与数据说明

考虑到数据的可获得性，本章采用 56 个国家 1985—1995 年[①]的面板数据。根据本书需要，选取 Summers – Heston 数据库中的指标如下：人口 POP；真实人均 GDP（Laspeyres）RGDPL；真实人均 GDP（Chain）RGDPCH；真实劳均 GDP（Chain）RGDPWOK；RGDPL 中政府支出份额（%）KG；RGDPL 中投资份额（%）KI。根据 Summers & Heston's（1991）的相关说明，计算国民生产总值 Y、资本 K、劳动力 L 和政府支出 G；根据 Government Finance Statistics Yearbook（IMF 各年度报告），取得各国历年基础设施支出和当年政府支出，计算当年基础设施支出占政府支出比重 t，从而根据 G 求得各国可比较的国际货币值衡量的基础设施支出 GINF = G × t。

最新的制度经济学研究普遍以 The Fraser Institute 数据库的 EFW 指数作为衡量制度质量的指标，解决了制度因素缺乏合适的量化标准问题（Dawson，1998；Gwartney et al.，1999；Wu et al.，

---

① 作者为了尽可能地扩大实证的数据量，通过日本早稻田大学图书馆和中山大学图书馆尝试将数据在横截面和时间序列两方面延伸，但受以下客观条件限制无法实现：第一，由于涉及 GDP、资本、劳动力、基础设施和政府规模、制度（法律结构和产权保护、使用稳健货币的权利、对外贸易的自由度、对信贷，劳动力和商业的管制等）等众多指标，而世界各国的统计情况不尽相同，有些国家缺乏某个指标的统计，或者统计的时间滞后，如果将本章数据延伸，则可能缺失某些实证所需的重要自变量；第二，相关指标的数据来源各不相同，分别来自 Summers – Heston 数据库、IMF 和 The Fraser Institute 等不同机构的数据库，统计的世界各国的数据年份参差不齐。因此，本章在考虑数据横截面和时间序列两种因素的情况下采用可获得的 56 个国家 1985—1995 年面板数据。事实上，国外基础设施跨国研究都因类似原因受限于数据的可获得性（Canning，1998，1999；Canning & Bennathan，2002；Canning & Pedroni，2004；Calderón & Servén，2004；Estache et al.，2005）。

1999）。根据前文综述部分的论证，本章也采用 EFW 指数作为制度衡量标准，该指数由五个主要领域组成：

（1）政府规模：公共支出，税收和公共企业（EFWgov）

（2）法律结构和产权保护（EFWleg）

（3）使用稳健货币的权利（EFWmon）

（4）对外贸易的自由度（EFWtra）

（5）对信贷，劳动力和商业的管制（EFWreg）

为进一步检验制度所包含的五个方面因素对基础设施产出效应和经济增长的影响，本章在实证方程（4）的基础上，建立检验各个具体制度因素影响的方程（5）。基于类似方程（4）的论证，将交叉项中的具体制度变量也去均值化：

$$
\frac{D(Y_{it})}{Y_{it}} = C + \eta_i + \eta_t + \beta_1 \frac{D(K_{it})}{K_{it}} + \beta_2 \frac{D(L_{it})}{L_{it}} + \beta_3 \frac{D(GINF_{it}/L_{it})}{GINF_{it}/L_{it}}
$$

$$
+ \beta_{41} \frac{D(GINF_{it}/L_{it})}{GINF_{it}/L_{it}} \times (EFWgov_{it} - \overline{EFWgov_{it}})
$$

$$
+ \beta_{42} \frac{D(GINF_{it}/L_{it})}{GINF_{it}/L_{it}} \times (EFWleg_{it} - \overline{EFWleg_{it}})
$$

$$
+ \beta_{43} \frac{D(GINF_{it}/L_{it})}{GINF_{it}/L_{it}} \times (EFWmon_{it} - \overline{EFWmon_{it}})
$$

$$
+ \beta_{44} \frac{D(GINF_{it}/L_{it})}{GINF_{it}/L_{it}} \times (EFWtra_{it} - \overline{EFWtra_{it}})
$$

$$
+ \beta_{45} \frac{D(GINF_{it}/L_{it})}{GINF_{it}/L_{it}} \times (EFWreg_{it} - \overline{EFWreg_{it}})
$$

$$
+ \beta_{51} EFWgov_{it} + \beta_{52} EFWleg_{it} + \beta_{53} EFWmon_{it}
$$

$$
+ \beta_{54} EFWtra_{it} + \beta_{55} EFWreg_{it} + \mu_{it} \tag{5}
$$

变量的计算方法和数据来源说明如表6—1所示，变量的统计特征如表6—2所示。

表6—1　变量说明

变量	含义	计算方法	数据来源
Y	GDP	Y = RGDPL × POP	Summers – Heston 数据库（Penn World Table）
K	资本	K = RGDPL × POP × KI × 0.01	
L	劳动力	L = (RGDPCH/ RGDPWOK) × POP	
GINF	基础设施	GINF = G × t 其中 G = RGDPL × POP × KG ×0.01 t 是 IMF 报告中基础设施占政府支出比。	政府财政统计年报（IMF 各年度报告）
EFW	制度	按照移动平均法补充遗漏数据	弗雷泽研究所（The Fraser Institute）各年度报告
EFWgov	政府规模		
EFWleg	法律结构和产权保护		
EFWmon	使用稳健货币的权利		
EFWtra	对外贸易的自由度		
EFWreg	对信贷、劳动力和商业的管制		

注：前四个变量由于差分原因导致减少了 1995 年数据，因此观察数 560，而 EFW 观察数 616。

表6—2

实证模型变量的统计描述

	$\dfrac{D(Y_{it})}{Y_{it}}$	$\dfrac{D(K_{it})}{K_{it}}$	$\dfrac{D(L_{it})}{L_{it}}$	$\dfrac{D(GINF_{it}/L_{it})}{GINF_{it}/L_{it}}$	EFW$_{it}$	EFWgov	EFWleg	EFWmon	EFWtra	EFWreg
平均值	0.04	0.06	0.01	0.11	6.14	5.34	6.02	7.06	6.56	5.79
中位数	0.04	0.05	0.01	-0.01	6.16	5.30	5.85	7.10	6.69	5.82
最大值	0.72	6.09	0.47	32.96	8.80	9.12	9.28	9.84	9.60	8.76
最小值	-0.41	-0.72	-0.55	-0.86	3.30	1.19	1.67	0.00	2.89	2.47
标准差	0.06	0.32	0.03	1.56	1.05	1.49	1.78	2.20	1.34	0.93
偏度	1.68	12.96	-3.32	18.06	-0.13	0.09	-0.11	-0.87	-0.31	-0.54
峰度	36.64	235.20	184.13	364.88	2.54	2.46	2.29	3.32	2.71	4.33
观察值数	560	560	560	560	616	616	616	616	616	616

注：前四个变量由于差分原因导致减少了1995年数据，因此观察数560，而EFW观察数616。

第四节　面板数据单位根与 Granger 因果关系检验

为了保证结论的可靠性，本章首先基于面板数据单位根检验其平稳性，再通过 Granger 检验制度和基础设施与经济增长的因果关系，然后结合经济理论根据面板数据模型的设定方法检验实证方程（4）和方程（5）。

一　面板数据单位根检验

本章采用的面板数据方法与相关文献相比具有较大的计量技术优势，[①] 但是由于面板数据具有时间纬度，而许多宏观经济时间序列数据都呈现非平稳单位根过程的特征，若不对其进行平稳性检验而直接建模，很容易导致伪回归。因此，本章数据首先必须进行面板数据单位根检验。

根据现有计量经济学文献，面板数据单位根的主要检验方法有 LLC（Levin，Lin & Chu，2002）、Breitung（Breitung，2000）、IPS（Im，Pesaran & Shin，2003）、Fisher – ADF（Maddala & Wu，1999）、Fisher – PP（Choi，2001）& Hadri（Hadri，2000）。由于本章采用的是 56 个国家 1985—1995 年的面板数据，具有中等程度的横截面和中小时间跨度的特征，而 Hadri 检验方法只适用中等横截面和长时期样本，因此首先排除该检验方法；IPS 方法适用于大样本，也不适用本文数据。Fisher – ADF 和 Fisher – PP 方法对样本

---

① 面板数据可同时将变量的横截面数据与时间序列数据的信息加入，从而增加样本量和检测的自由度，减少回归变量之间的共线性程度、提高参数估计的有效性、提高预测精度和消去测量误差的影响。此外，面板数据能够控制个体的异质性，以及个体在时间或地区分布中存在着常数的变量的情况（Hsiao & Mountain，1994；Hsiao & Tahmis- cioglu，1997；Hsiao，2003；Baltagi，2001）。

要求较为宽松，允许截面相关，并且不要求各横截面个体的滞后相同，因此本章采用 Fisher 类检验方法为主；而 LLC 和 Breitung 方法均适用于中等样本，且原假设是存在共同单位根，恰好可以与 Fisher 类检验的个体单位根原假设形成对照。综上所述，根据面板数据单位根检验方法的适用条件，本章将主要采用 Fisher – ADF 和 Fisher – PP 方法，并对照 LLC 和 Breitung 方法进行检验。

检验结果如表 6—3 所示，无论采用哪种方法，56 个国家 1985—1995 年 D(Y)/Y、D(K)/K、D(L)/L、D(GINF/L)/(GINF/L)、EFW 和 EFWLEG 都以 1% 的显著性水平拒绝单位根的原假设。由于 LLC 和 Breitung 方法的原假设是存在共同单位根，而 Fisher – ADF 和 Fisher – PP 方法的原假设是存在个体单位根，因此检验结果表明：GDP 增长率、资本增长率、劳动力增长率、劳均基础设施增长率、制度和法律结构和产权保护既不存在共同单位根，也不存在个体单位根，都是平稳序列。对于制度的具体项目，EFWgov、EFWleg、EFWmon、EFWtra 根据 Fisher 类检验都以 1% 的显著性水平拒绝单位根的原假设，EFWreg 根据 Fisher – ADF 和 Fisher – PP 方法分别以 10% 和 5% 的显著性水平拒绝单位根的原假设。

这里值得强调的是，虽然根据各种检验方法部分变量无法得到完全一致的结果，但这在现有实证文献中也较为普遍。其原因一方面是由于不同的检验方法适应的条件不同，另一方面也受限于本章的数据。本章采用的是 1985—1995 年 11 年的数据，时期的跨度较短，这大大限制了面板数据单位根检验的有效性。对于 EFW 数据，由于部分年份数据的缺失并用移动平均法补全，同时采用了不同的检验方法，这也使得无法得到完全一致的检验结果。但是，结合本文数据的特点而主要参考的 Fisher 检验结果和变量的经济含义，总体而言仍然可以较大可信度作出数据为平稳序列的判断，这为下一步的面板数据 Granger 因果关系检验和实证分析提供基本前提。

表6—3　　　　　　　　　面板数据单位根检验结果

检验方法	LLC	Breitung	Fisher – ADF	Fisher – PP
原假设	共同单位根	共同单位根	单位根	单位根
D（Y）/Y	– 14. 36 ***	– 4. 87 ***	258. 96 ***	313. 58 ***
D（K）/K	– 17. 68 ***	– 6. 82 ***	305. 42 ***	348. 66 ***
D（L）/L	– 39. 38 ***	– 7. 82 ***	269. 61 ***	328. 62 ***
D（GINF/L）/（GINF/L）	– 18. 38 ***	– 6. 15 ***	334. 34 ***	449. 11 ***
EFW	– 17. 50 ***	– 14. 45 ***	248. 85 ***	304. 75 ***
EFWGOV	– 0. 84	0. 23	187. 81 ***	215. 26 ***
EFWLEG	– 19. 77 ***	– 15. 34 ***	262. 03 ***	311. 77 ***
EFWMON	1. 87	– 0. 52	161. 74 ***	180. 12 ***
EFWTRA	– 1. 22	0. 61	238. 94 ***	232. 32 ***
EFWREG	2. 55	– 0. 63	136. 20 *	144. 10 **
横截面	56	56	56	56

注：外生变量为个体效应；滞后长度根据 SIC 准则在 0 – 1 之间自动选择；Newey – West bandwidth 根据 Bartlett kernel；Fisher 类检验的 p 值采用渐近 Chi – sq 分布，其他检验采用渐近正态分布。*、**、*** 分别表示10%、5%、1% 的显著性水平。估计工具：Eviews 5. 0。

二　面板数据的 Granger 因果关系检验

上文检验了经济增长、劳均基础设施和制度变量的平稳性，这是检验"劳均基础设施与经济增长"和"制度与经济增长"Granger 因果关系的前提。

传统的 Granger 因果检验[①]主要用于单个个体变量的因果关系

———————

① 由 Granger （1969） 提出，Sim （1972） 推广的 Granger 因果检验 （Granger Causality Tests） 是判断一个变量变化是否是另一个变量变化原因的一种方法。Granger 认为，x 是否引起 y，主要看现在的 y 能够在多大程度上被过去的 x 解释，加入 x 的滞后量是否能提高解释程度。如果 x 对 y 的预测有帮助，或者 x 与 y 的相关系数在统计上显著，那么"y 是由 x Granger 引起的"。Granger 因果关系检验实质上是检验一个变量是否受其他变量的滞后影响。

检验，对于时间和个体双重维度的面板数据，只能对个体 i 的变量 x 与个体 j 的变量 y，或只对某一个体的变量之间进行因果检验，截面信息只能用来改进模型的设定和检验的势，这降低了 Granger 因果检验的效果。

最近的文献将传统 Granger 因果检验思想推广到面板数据的情形（Hurlin & Venet，2001；等等）。[①] 而 Hurlin & Venet（2001，2003）则基于面板数据 Granger 因果检验的四个基本假设，[②] 进一步提出了基于固定系数模型的面板数据 Granger 因果检验，且滞后阶数都设为 p。[③] 其检验过程分为三个步骤：（1）进行 VAR 模型回归系数 β_i 的同质性检验（Homogeneity Test）；（2）同质无因果关系检验 HNCH（Homogenous Non Causality Hypothesis），根据第一步检验中是否接受原假设可分为基于同质的 HNCH 假设检验

---

① 其定义是：如果 J_{in} 为到 n 期为止我们可获得的所有个体的信息，X_{in} 是到 n 期为止所有的 x_{it}（$t = 1 \cdots n$，$i = 1 \cdots I$），$Y_{i,n+1}$ 为第 $n + 1$ 期 Y 的取值，那么当：$F(Y_{i,n+1} \mid J_{in}) \neq F(Y_{i,n+1} \mid J_{in} - X_{in})$ 则变量 X 对 Y 存在格兰杰因果性，在可获得的所有个体信息的前提下，当我们在 Y_{it} 的信息集增加 $X_{i,t-k}$ 时，有助于提高对 Y_{it} 的预测。根据定义，在经过面板数据单位根检验序列稳定的基础上，可将时间序列模型的方法应用于面板数据模型。对于每一个体，$\forall t \in [1, T], y_{it} = \sum_{k=1}^{p} \alpha y_{i,t-k} + \sum_{k=1}^{p} \beta \chi_{i,t-k} + w_{it}, w_{it} = \mu_i + \varepsilon_{it}, \varepsilon_{it}$ 是白噪声，并以个体效应估计 μ_i。

② Hurlin & Venet（2001，2003）Panel Data 条件下的 Granger 因果检验的四个基本假设：（1）同质无因果关系假设（Homogenous Non Causality Hypothesis，HNCH），任何个体都不存在因果关系；（2）同质因果关系假设（Homogenous Causality Hypothesis，HCH），存在 N 个因果关系，且根据 x 和 y 的过去值得到个体 i 相同的变量 y 的预测值；（3）异质因果关系假设（Heterogenous Causality Hypothesis，HECH），存在 N 个因果关系，且根据 x 和 y 的过去值得到个体 i 不同的变量 y 的预测值；（4）异质无因果关系假设（Heterogenous Non Causality Hypothesis，HENCH），部分个体存在因果关系，但最多有 N-1 个个体不存在因果关系。

③ 值得注意的是，检验中若滞后期 p 太小，会导致误差项自相关和参数非一致性估计，虽然加大滞后期可以消除误差项中的自相关，但另一方面也会导致自由度减少从而影响模型参数估计量的有效性。因此实际检验中，一般根据回归方程的 AIC 或 SC 准则来决定滞后 p。

和基于异质的 HNCH 假设检验；（3）异质无因果关系假设检验 HENCH（Heterogenous Non Causality Hypothesis）。由于本章只关注是否存在因果关系，因此只需进行 HNCH 检验。HNCH 假设系数 α 在 $\forall i \in [1, N]$ 不变，β_i 可存在个体变化。基于以上框架检验原假设：

$$H_0 : \beta_i = 0, \forall k \in [1, p], t \in [1, T]$$

$$H_1 : \exists (i, k), \beta_i \neq 0$$

即原假设是在任一个体和时间都不存在因果关系。由此可以建立满足原假设的约束方程和未约束方程，残差平方和分别由 RSS_r 和 RSS_{ur} 表示，检验统计量为：

$$F_{HNCH} = \frac{(RSS_r - RSS_{ur})/Np}{RSS_{ur}/(TN - N(1 + p) - p)} \tag{6}$$

在该假设条件下 F_{HNCH} 服从自由度为 Np 和（TN − N（1 + p）− p）的 Fisher 分布。如果 F_{HNCH} 大于 Fisher 分布的临界值，则拒绝原假设，即存在因果关系。

检验结果如表 6—4 所示，在"劳均基础设施与经济增长"和"制度与经济增长"的 Granger 检验中，面板数据都以 1% 的显著性水平拒绝原假设，F_{HNCH} 统计量均大于 Fisher 分布 1% 的显著性水平的临界值 1.5348，这表明：劳均基础设施和制度都是经济增长的 Granger 原因。同时，检验结果也显示这两个因素与经济增长都不存在双向因果关系：在"经济增长与劳均基础设施"和"经济增长与制度"的 Granger 检验中，F_{HNCH} 统计量均小于 Fisher 分布的临界值，因此无法拒绝原假设，即经济增长不是劳均基础设施和制度的 Granger 原因。这也进一步验证了本章和现有文献的研究，同时表明本章选取的制度指标 EFW 与经济增长不存在内生性问题。

表6—4　　　　　　　**面板数据的 Granger 因果关系检验结果**

原假设	检验关系	F_{HNCH} 统计量
劳均基础设施不是经济增长的 Granger 原因	$\dfrac{D(GINF_{it}/L_{it})}{GINF_{it}/L_{it}} \Rightarrow \dfrac{D(Y_{it})}{Y_{it}}$	3.1673 ***
经济增长不是劳均基础设施的 Granger 原因	$\dfrac{D(Y_{it})}{Y_{it}} \Rightarrow \dfrac{D(GINF_{it}/L_{it})}{GINF_{it}/L_{it}}$	0.9826
制度不是经济增长的 Granger 原因	$EFW_{it} \Rightarrow \dfrac{D(Y_{it})}{Y_{it}}$	2.0614 ***
经济增长不是制度的 Granger 原因	$\dfrac{D(Y_{it})}{Y_{it}} \Rightarrow EFW_{it}$	0.9785

注：由于本章数据时间跨度所限，取滞后量 p = 1；*、**、*** 分别表示10%、5%、1% 的显著性水平，对应 Fisher 分布的临界值分别为 1.2680、1.3566 和 1.5348。估计工具：Eviews 5.0。

第五节　制度、基础设施与经济增长

各变量的面板数据单位根检验得出的序列平稳结论，以及制度和基础设施都与经济增长存在 Granger 因果关系的判断，为以下实证研究提供了前提。

式（4）的实证结果如表6—5所示。由个体差异的显著性检验发现，F 检验值大于横截面固定效应的 F 检验5% 显著水平的临界值，即 1.7228 > 1.3598。因此方程以5%的显著水平拒绝个体和时期截距相等的原假设，不能用 Pure Pooled 形式估计，而需要用面板模型估计。为了进一步检验需要固定效应还是随机效应的横截面面板模型，进行 Hausman Test，结果表明横截面卡方值 χ^2 大于临界值，即 12.2640 > 11.0705，因此拒绝随机效应的原假设。由于国家间一般存在较大个体差异，为此进行横截面异方差 Lm 检验，结果表明卡方值 χ^2 远大于临界值，即 779.3701 > 73.3115，因此拒绝同方差的原假设。针对异方差情况，本章使用横截面权重（Cross - section Weights）的 GLS 方法，系数协方差估计方法则是稳健估计中的怀特横截面（White Cross – section）方法并且不调整自由度。

表6—5　　　　　　　实证结果：被解释变量 $\dfrac{D(Y_{it})}{Y_{it}}$

估计方法 待估参数		Pooled 回归	横截面固定 效应	横截面随机 效应	横截面固定 效应和横截 面权重的 GLS	横截面固定效 应和横截面权 重的 GLS
β_1		0. 0306 *** （0. 0107）	0. 0235 ** （0. 0107）	0. 0282 *** （0. 0105）	0. 0635 *** （0. 0130）	0. 0679 *** （0. 0129）
β_2		0. 5893 *** （0. 0396）	0. 6049 *** （0. 0397）	0. 5942 *** （0. 0387）	0. 5570 *** （0. 0477）	0. 5610 *** （0. 0551）
β_3		0. 0158 *** （0. 0057）	0. 0132 ** （0. 0057）	0. 0150 *** （0. 0056）	0. 0100 *** （0. 0014）	0. 0087 *** （0. 0021）
β_4	β_{41}	0. 0102 ** （0. 0041）	0. 0107 ** （0. 0041）	0. 0103 ** （0. 0040）	0. 0037 * （0. 0022）	0. 0064 ** （0. 0031）
	β_{42}					0. 0026 （0. 0028）
	β_{43}					0. 0052 ** （0. 0024）
	β_{44}					0. 0025 （0. 0024）
	β_{45}					- 0. 0117 ** （0. 0045）
β_4	β_{51}	0. 0061 *** （0. 0021）	0. 0042 （0. 0054）	0. 0060 ** （0. 0024）	0. 0050 ** （0. 0023）	0. 0021 （0. 0024）
	β_{52}					0. 0023 ** （0. 0011）
	β_{53}					0. 0005 （0. 0006）
	β_{54}					- 0. 0017 （0. 0020）
	β_{55}					0. 0004 （0. 0030）

续表

估计方法 待估参数	Pooled 回归	横截面固定效应	横截面随机效应	横截面固定效应和横截面权重的 GLS	横截面固定效应和横截面权重的 GLS
Adjusted R^2	0.3037	0.3503	0.3114	0.5619	0.5497
Prob（·F - statistic）	0.0000	0.0000	0.0000	0.0000	0.0000
横截面固定效应的 F Test	1.7228				
Hausman Test（χ^2）	12.2640				
横截面异方差 LM 值（χ^2）				779.3701	
D - W Stat	1.7321	2.0450	1.8261	2.0149	2.0361
Observations	560	560	560	560	560

注：括号内是标准误；*、**、***分别表示10%、5%、1%的显著性水平。估计工具：Eviews 5.0。

由表6—5可见，对方程进行横截面固定效应 GLS 方法的实证结果显示，各个待估系数都通过显著性检验，F 统计的 p 值为0；调整 R^2 为0.5619，方程拟合度在面板数据实证中已经比较理想。D - W 值为2.0149也表明不存在自相关问题。事实上，由于方程各个变量都是差分之后的变化率，且通过了面板数据单位根检验，因此消除了时间序列自相关问题。总体而言，实证结果比较理想。

根据实证结果，在不考虑制度对基础设施产出弹性的条件下，劳均基础设施产出弹性 $\beta_3 = 0.0100$；制度环境对经济增长贡献显著为正，影响系数 $\beta_5 = 0.0050$；劳均基础设施与制度交叉变量的待估系数 $\beta_4 = 0.0037$，这表明制度不仅对经济增长产生直接的正的贡献，同时还通过影响劳均基础设施的产出弹性从而间接影响经济增长，因此基础设施对经济增长产出弹性可根据方程（7）计算：

$$\beta_3 + \beta_4 * (EFW_{it} - \overline{EFW_{it}}) \tag{7}$$

而对于 EFW 而言，制度提高对于经济增长的总体贡献为直接贡献 0.0050 加上其提高基础设施产出弹性的间接贡献 0.0037，相当于 0.0087，即每提高 1 单位 EFW 值，经济增长将提高 0.87 个百分点。由 EFW 数据可知 1 个单位 EFW 值相当于英国与法国或者土耳其与希腊的区别，即 1 单位 EFW 值所体现的制度区别并不大（Gwartney et al.，2006），因此本章结论表明较小的制度质量提高能在较大程度上促进经济增长。

本章通过方程（5）的回归进一步得出制度各具体领域对基础设施产出贡献和经济增长的影响。由表 6—5 可见，影响基础设施产出贡献的制度因素中，"政府规模"、"使用稳健货币的权利" 和"对信贷、劳动力和商业的管制" 对基础设施的产出弹性影响显著，都以 5% 的显著性水平通过检验；而制度对经济增长的直接贡献因素中，则只有 "法律结构和产权保护" 呈显著正影响。

根据 EFW 指数说明，"政府规模" 指数越高，代表国家政府支出占总支出的比例越少，政府企业部门规模越小，同时实行相对较低的边际税率。根据边际产出递减原理，政府规模较小的条件下基础设施的产出相对较高，因此 "政府规模" 与基础设施的交叉相系数为正。由式（7）的计算方法可知，"政府规模" 指数每提高 1（即政府干预经济程度越低），将使基础设施产出弹性提高 0.64。类似的，"使用稳健货币的权利" 指数每提高 1，将使基础设施产出提高 0.52。这是因为基础设施作为公共投资，也和私人投资类似受货币稳健性的影响。通货膨胀率过高和不稳定，必然扭曲产品的相对价格，使其产出效应受到影响。而 "对信贷、劳动力和商业的管制"与基础设施产出弹性显著负相关，表明虽然管制行为限制了市场准入和干预自由交易，降低了私人资本产出，但却使得公共支出的产出效应反而更高。

此外，由制度的估计系数可知，影响经济增长的各个制度因素中，"法律结构和产权保护"最为显著，其指标每提高 1 单位，经济增长率将提高 0.23 个百分点。这表明法治、产权保护、独立的司法和公正的法院系统等政府保护职能对经济增长的影响最为直接。这也验证了 Gwartney et al.（2006）所强调的法律安排的重要性，即当政府通过提供法律结构和法律实施体制以毫无偏袒的方式来保护所有者产权和强制合同的实施与履行，则该国良好的制度环境将促进经济增长。最后值强调的是，加入制度的具体领域变量之后，方程（5）的其他回归结果基本不变，显示了实证结果具有较好的稳健性。

第六节　结论及启示

本章在通过面板数据单位根和 Granger 因果关系检验的基础上，采用 56 个国家面板数据的横截面固定效应方法，在 Barro 模型基础上考虑基础设施的拥挤效应，实证检验了制度、基础设施与经济增长的关系，分析了制度对基础设施产出弹性及经济增长的影响。实证结果表明：制度和基础设施都与经济增长存在 Granger 因果关系；基础设施对经济增长贡献显著为正，其产出弹性受制度环境影响；制度因素不仅直接推动经济增长，同时还通过影响基础设施产出从而间接影响经济增长。制度因素中，"政府规模"和"使用稳健货币的权利"对基础设施产出影响显著为正；"对信贷、劳动力和商业的管制"对基础设施产出影响显著为负；而"法律结构和产权保护"则对经济增长产生直接的、显著的正效应。

当前我国为应对全球金融危机扩大内需和促进经济增长而进行大规模的基础设施建设，基础设施研究对于中国经济发展具有特别紧迫和重要的现实意义。根据本章研究结果的启示，在制定公共财政政策和基础设施投资计划时应注意到基础设施作为公共品具有的拥挤性问题，在加大基础设施投入绝对规模的同时更要注重劳均基础设施指标；政府不仅要提高基础设施的供给和质量，也要采取各种措施提高制度环境的各个方面从而促进经济增长。因为制度质量的提高不仅对经济增长产生直接贡献，同时可以影响基础设施的产出弹性间接影响经济增长，因此显得尤为重要。政府为了提高制度质量，特别要提高法律结构和产权保护程度以促进经济发展；为了提高基础设施的产出弹性，应降低政府干预经济的程度，并制定稳健的货币政策。

值得注意的是，以基础设施为代表的政府支出依靠税收来源，而税收征收又可能会影响经济效率，同时考虑到政府支出对私人投资的挤出效应，政府基础设施支出存在一个最优值问题。因此，如何核算不同制度环境下的最优政府基础设施支出规模，仍然值得作进一步的深入研究。

参考文献

[1] Acemoglu Daron, Simon Johnson and James A. Robinson, "The Colonial Origins of Comparative Development: An Empirical Investigation." American Economic Review 91, no. 5, 2001, pp. 1369—1401.

[2] Aschauer D. A., "Is Public Expenditure Productive?", Journal of Monetary Economics, 1989. 23, pp. 177—200.

[3] Barro, Robert J., "Government Spending in a Simple Models of Endogenous Growth", Journal of Political Economy, 98, 1990, pp. s103—

s125.

　　[4]Barro and Sala – I – Martin, Economic growth, McGraw – Hill, Inc. 1995.

　　[5]Barro, Robert J. , "Democracy and Growth. ", Journal of Economic Growth 1, no. 1, 1996, pp. 1—27.

　　[6]Briceño, C. , A. Estache and N. Shafik. "Infrastructure Services In Developing Countries: Access, Quality, Costs and Policy Reform", 2004, The World Bank.

　　[7]Esfahani, H. S. and Ramirez, M. T. , "Institutions, Infrastructure and Economic Growth", Journal of Development Economics, 2003, Vol. 70 No. 2, pp. 443—477.

　　[8]Estache, A. , Marianne Fay, "Current Debates on Infrastructure Policy", Policy Research Working Paper Series 4410. 2007, The World Bank.

　　[9]Gramlich, Edward M. , "Infrastructure Investment: A Review Essay", Journal of Economic Literature, 32 (September), 1994, pp. 1176—1196.

　　[10]Gwartney, J. , Lawson, R. and Holcombe, R. , "Economic Freedom and the Environment for Economic Growth. "Journal of Institutional and Theoretical Economics, 1999, 155(4), pp. 1—21.

　　[11]Gwartney, J. , Holcombe, R. and Lawson, R. , Institutions and the Impact of Investment on Growth, 2006, 59(2): pp. 255—276.

　　[12]Hall, Robert E. , and Charles I. Jones, "Why Do Some Countries Produce So Much More Output Per Worker than Others?" Quarterly Journal of Economics 1999, 114, no. 1, pp. 83—116.

　　[13]Heller, Peter S. and Jack Diamond, "International Comparison of Government Expenditure Revisited: The Developing Countries, 1975

- 86" IMF Occasional Paper 69, Washington, D. C. 1990, April.

[14] Hurlin C, Venet B. , "Granger causality tests in panel data models with fixed coefficients", Working Paper. 2001, EURIsCO, Universit'e Paris IX Dauphin.

[15] Kessides Christine, "The Contributions of Infrastructure to Economic Development: A Review of Experience and Policy Implications", World Bank Discussion Paper Series 1993, No. 213, World Bank, Washington, D. C.

[16] Knack, Stephen and Phillip, Keefer, "Institutions and Economic Performance: Cross – Country Tests Using Alternative Institutional Measures. "Economics and Politics1995, 7, pp. 207—227.

[17] Lucas, Robert E. , Jr. , "On the Mechanics of Economic Development. "Journal of Monetary Economics 1988, 22, pp. 3 – 42.

[18] North, Douglass C. , Institutions, Institutional Change, and Economic Performance. Cambridge: 1990, Cambridge University Press.

[19] Romer, Paul M. , "Endogenous Technological Change. " Journal of Political Economy 98, 1990, pp. S71—S102.

[20] Romp W. and J. de Haan, " Public Capital and Economic Growth: A Critical Survey", EIB Papers, 2005. Volume 10 no1.

[21] Scully, Gerald W. "The Institutional Framework and Economic Development. " Journal of Political Economy 1988, 96, 3 (June): pp. 652—662.

[22] Straub, S. and C. Vellutini, "Assessment of the Effect of Infrastructure on Economic Growth in the East Asia and Pacific Region", The World Bank, Washington DC, 2006, processed.

[23] Straub, S. , "Infrastructure and Development: A Critical Appraisal of the Macro Level Literature", Policy Research Working Paper

Series 4590. 2008, The World Bank.

［24］Solow, Robert M. , "A Contribution to the Theory of Economic Growth. " Quarterly Journal of Economics 1956, 70, no. 1, pp. 65—94.

［25］World Bank, World Development Report 1994, Oxford: 1994, Oxford University Press.

［26］Wu Wenbo and Davis, Otto A. , "Two Freedoms, Economic Growth and Development: An Empirical Study. " Public Choice 1999, 100, pp. 39—64.

［27］董晓霞、黄季煜、S Rozelle、王红林:《地理区位、交通基础设施与种植业结构调整研究》,《管理世界》2006 年第 9 期。

［28］范前进、孙培源、唐元虎:《公共基础设施投资对区域经济影响的一般均衡分析》,《世界经济》2004 年第 5 期。

［29］胡家勇:《论基础设施领域改革》,《管理世界》2003 年第 4 期。

［30］金雪军、方好、陈骥:《金融创新在基础设施融资中的应用》,《统计研究》2003 年第 4 期。

［31］娄洪:《长期经济增长中的公共投资政策——包含一般拥挤性公共基础设施资本存量的动态经济增长模型》,《经济研究》2004 年第 3 期。

［32］卢现祥:《论政府在我国基础设施领域促进竞争及反垄断中的"诺斯悖论"》,《管理世界》2002 年第 2 期。

［33］马树才、李华、袁国敏、韩云虹:《基础设施建设投资拉动经济增长测算研究》,《统计研究》2001 年第 2 期。

［34］马树才、孙长清:《经济增长与最优财政支出规模研究》,《统计研究》2005 年第 1 期。

［35］王任飞、王进杰:《基础设施与中国经济增长:基于 VAR 方法的研究》,《世界经济》2007 年第 3 期。

[36] 魏后凯:《中国区域基础设施与制造业发展差异》,《管理世界》2001 年第 6 期。

[37] 张春贤:《依靠科技创新和科学管理,加快西部地区公路基础设施建设》,《管理世界》2000 年第 6 期。

[38] 张光南、陈广汉:《基础设施投入的决定因素研究——基于 24 个国家 1982—1997 年面板数据的经验分析》,《世界经济》2009 年第 3 期。

[39] 张光南:《制度、基础设施与经济增长》,《南方经济》2007 年第 3 期。

[40] 张军、高远、傅勇、张弘:《中国为什么拥有了良好的基础设施?》,《经济研究》2007 年第 3 期。

[41] 踪家峰、李静:《中国的基础设施发展与经济增长的实证分析》,《经济研究》2006 年第 7 期。

第七章

制度、最优政府规模与经济增长①

本章通过对英属和西葡属殖民地 41 个国家 1970—2003 年的面板数据研究，分析了制度、最优政府规模与经济增长的关系，验证了制度质量影响政府支出的产出效应和最优政府规模，从而导致经济增长差异；英属殖民地由于制度质量高于西葡属殖民地，使得其最优政府规模和经济增长均高于后者，这从制度和政府规模的角度解释了殖民历史国家经济增长差异的原因。本章的研究考虑了影响最优政府规模的制度因素，并用实证结果支持了诺斯提出的宗主国制度影响殖民地政策的理论。

第一节 引言

新制度经济学家认为制度②支配着公众及私人的行为，从而影响资源配置的效率，导致经济绩效的差异。托马斯 (1973)③ 与诺

---

① 本章主要内容已以本书作者为第一作者发表于《统计研究》2008 年第 3 期。

② 诺斯 (1991) North, Douglas C., 1991, "Institutions", Journal of Economic Perspectives, Winter 1991, 5. pp. 97—112. 认为，制度是由人类设计的用以安排政治、经济与社会交往的约束。它们由非正式的约束（制裁、忌讳、习俗、传统、行为准则）和正式的规则（章程、法律、财产所有权）组成。

③ North, Douglas C., and R. P. Thomas, 1973, The Rise of the Western World: A New Economic History, Cambridge University Press, Cambridge UK.

斯（1981）[1] 通过历史分析论证了制度变迁对经济增长的决定作用。格雷夫（1994）[2] 通过地中海地区马格里布（Maghribi）和热那亚（Genoa）的海外贸易的历史制度分析研究制度与经济增长的关系。斯卡利（1988）[3] 在分析了 115 个国家 1960—1980 年的经济数据表明，政治开放、法律健全、具有明晰产权以及通过市场配置资源的国家实际人均 GDP 的增长率为 2.73%，而制度因素较差的国家增长率为 0.91%。

虽然制度经济学家一致认为制度影响经济增长，但是，由于对制度概念的理解和应用不同，在实际研究中对于如何区分不同的制度并没有统一的标准和定量的政策代理变量，导致无法得到可比较的结论。而本章通过世界经济自由指数（EFW）比较发现，英属殖民国家和西葡属殖民国家[4]制度存在明显差异，因此将宗主国作为区分制度的代理变量，可以避免制度概念所包含的各个因素的讨论，解决了由于制度衡量指标不同引起的结果差异。

经济增长理论中，以巴罗（1990）[5] 为代表的学者研究了政府支出与经济增长的关系。巴罗把公共部门引入具有规模报酬不变的"AK"生产函数中，建立了一个以政府支出为中心的内生增长模型。在此基础上，现有文献进一步发展实证分析财政支出、政府规模或公共财政与经济增长之间的关系（Hall & Jones，1997；Barro

---

[1]　North, Douglas C., 1981, Structure and Change in Economic History, W. W. Norton & Co., New York.

[2]　Greif, 1994, "Cultural Beleifs and the Organization of Society: A Historical and Theoretical Reflection on Collectivist and Individualist Societies", Journal of Political Economy, Vol. 102, No. 5: pp. 912—950.

[3]　Scully, Gerald W. 1988, "The Institutional Framework and Economic Development." Journal of Political Economy 96, 3 (June): pp. 652—662.

[4]　本书所指"殖民国家"或"殖民地"，表示曾有殖民历史的国家。

[5]　Barro, Robert J., 1990, "Government Spending in a Simple Models of Endogenous Growth", Journal of Political Economy, 98, pp. s103—s125.

& Sala – I – Martin，1995）[1]。

虽然经济学家认同政府支出对经济增长的影响重要性，而且证明了存在一个最优政府规模，[2] 但是相关经典文献（Barro，1990；Karras，1993，1996）[3] 都没有考虑制度的影响。卡拉斯（1993，1996）的研究只对地理位置或者收入水平对国家进行分类，而忽略了制度通过政府的效率而影响经济的因素。那么，应该如何计算不同制度条件下最优政府规模？不同的制度条件下政府支出对经济的影响有何不同？

本章以卡拉斯（1993，1996）的实证模型为基础，通过按宗主国区分各种类型的 41 个国家 1970—2003 年的面板数据研究验证了不同的制度条件下政府支出对经济的贡献和最优政府规模的区别，解决了制度经济学普遍存在的由于制度概念难于定量的原因引起的结论误差等现象，同时也克服了现有关于政府支出研究中制度因素的遗漏问题。

本章其余部分安排如下：第二部分英属和西葡属殖民地的制度比较，通过世界经济自由指数（EFW）比较英属殖民国家和西葡属殖民国家制度差异，将宗主国作为区分制度的代理变量；第三部分实证模型与数据说明，以卡拉斯（1993，1996）的数理和实证模型为基础，建立包含制度因素的最优政府规模实证模型；第四部分英属和西葡属殖民地最优政府规模与经济增长，通过实证结果论

---

① Hall, Robert E. , and Charles J. Jones, 1997, "Fundamental Determinants of Output per Worker across Countries", Stanford University, Manuscript; Barro and Sala – I – Martin, 1995, Economic growth, McGraw – Hill, Inc.

② 衡量政府规模的指标一般有行政机构的规模、公务员人数和政府支出占 GDP 的比重。本书采用文献中普遍采用的政府支出占 GDP 的比重。

③ Karras, Georgios. , 1993, "Employment and Output Effects of Government Spending: Is Government Size Important? ". Economic Inquiry, Vol. XXXI, pp. 354—369; Karras, Georgios, 1996, "The optimal Government size: Further International Evidence on the Productivity of Government Services", Economic Inquiry, 34: pp. 193—203.

证制度、最优政府规模与经济增长的关系；第五部分结论。

第二节　英属和西葡属殖民地的制度比较

英国和西班牙、葡萄牙无论是宗教信仰、法律体系，还是政治制度都存在显著差异。这种差异由于它们的殖民历史引起在各自所属的殖民地形成不同的统治方式。由于路径依赖①的原因，即使这些殖民地独立之后，这种差异仍然存在。

本章采用世界经济自由指数（EFW）② 衡量英属和西葡属殖民地不同的制度质量。为了说明 EFW 指数能够代表制度质量，有必要对该指数进行解释。

世界经济自由指数用五个主要领域组成 EFW：（1）政府规模：公共支出，税收和公共企业；（2）法律结构和产权保护；③

---

① 诺斯（1981，1991）North, Douglas C., 1981, Structure and Change in Economic History, W. W. Norton & Co., New York; North, Douglas C., 1991, "Institutions", Journal of Economic Perspectives, Winter 1991, 5. pp. 97—112. 把阿瑟关于技术演进过程中的自我强化现象的论证推广到制度变迁，从而建立了制度变迁的路径依赖（path dependency）理论，以此描述特定的经济当事人的制度选择受制于初始状态下的制度条件（包括文化、意识形态、政治导向等非正式约束）。如果当事人在既定的制度安排中受到规模报酬递增（increasing revenue）的激励，那么现有的制度安排将被"锁定"（lock – in）在既定的轨道上。沿着既定的路径，经济和政治制度的变迁可能进入良性循环的轨道，迅速优化；也可能顺着原来的错误路径往下滑；弄得不好，它们还会被锁定在某种无效率的状态之下。一旦进入了锁定状态，要脱身而出就会变得十分困难。只有当特定的经济当事人的激励和约束条件发生变化时，即规模报酬不再递增时，被"锁定"的制度安排才会得到"解锁"（lock – out），并进一步被锁定在一个新的制度安排上。

② 将各种子指标计算在内，世界经济自由指数（EFW）一共使用了 38 种不同的数据。每项指标和子指标都用 0 ~ 10 的量值来表示，它用来反映作为指数计算基础的数据的分布。对每一个领域内各项指标的评分（ratings）加以平均，就分别得到对五个领域各自的评分。同理，总分是五大领域评分的平均。

③ 其核心构成要素是法治，产权保护，独立的司法和公正的法院系统。这些指标将揭示政府的保护职能在多大程度上得到良好实施，它们主要来源于两个研究报告：《国际国家风险投资指南》和《全球竞争力报告》。从这两个报告取得的排序都是建立在调查的基础之上。

（3）使用稳健货币的权利；（4）对外贸易的自由度；（5）对信贷，劳动力和商业的管制。[1]

正如格瓦特尼、劳森和伊斯特利（2006）[2] 指出，经济自由的关键构成要素是个人选择，自愿交换，竞争自由以及人身和财产权利的保护。如果制度和政策能够为自愿交换提供平台，能够保护人身和财产权利，使其免受侵犯者利用暴力，强制和欺骗等手段获取不属于他们的财产，那么这些制度和政策就与经济自由相一致。法律安排尤其重要：当政府通过提供法律结构和法律实施体制而以毫无偏袒的方式来保护所有者产权和强制合同的实施与履行，此时政府促进了经济自由。

根据以上解释，EFW 指数可以作为制度质量的代理变量。特别是其中的"法律结构和产权保护"和"对信贷，劳动力和商业的管制"指标，更是直接代表了制度中的法律保护作用和政府的政策制度环境。事实上，已有文献以此作为制度质量的代理变量（Dawson，John W.，1998）。[3]

本章按照以下标准选取国家数据：第一，有英属和西葡属殖民历史的国家；第二，如果某个国家曾有不止一个殖民宗主国，则按照最后一个或影响最大的宗主国作划分标准；第三，尽量选取殖民历史争议较小，殖民政策较为稳定的国家。因此，本章所指的殖民国家分别包括英属殖民地 31 个国家，西葡属殖民地 10 个国家，如

---

① 当管制行为限制市场准入和干预自由交易时，它们就减少了经济自由。一些国家如果想在指数的这一部分获得高分，那么它们必须允许由市场决定价格，限制阻碍商务准入和增加生产产品成本的管制活动。同时它们必须避免偏袒行事，即避免通过使用它们自身权力从一些商务活动中攫取资金缴付，以牺牲这些商务活动的利益为代价来奖励另外一些商务活动。

② Gwartney, J., Lawson, R. and Easterly, W., 2006, "Economic Freedom of the World: 1970—2004", Vancouver, B. C.: The Fraser Institute.

③ Dawson, John W., 1998, "Institutions, Investment, and Growth: New Cross – Country and Panel Data Evidence." Economic Inquiry 36 (October): pp. 603—619.

表7—1 所示。

表7—1　英属和西葡属殖民国家列表和政府规模：1970—2003　　（%）

英属殖民地				西葡属殖民地	
国家	政府规模	国家	政府规模	国家	政府规模
Australia	15.87	Mauritius	12.50	Bolivia	20.23
Barbados	11.91	New Zealand	18.97	Chile	24.86
Canada	15.90	Nigeria	9.67	Colombia	17.29
Egypt	13.91	Pakistan	20.02	Costa Rica	19.62
Ghana	23.39	Papua New Guinea	28.60	Ecuador	26.76
Hong Kong	5.75	Philippines	16.85	El Salvador	16.11
India	32.07	Singapore	8.16	Honduras	19.72
Iraq	32.70	South Africa	25.50	Macao	10.99
Ireland	17.59	Sri Lanka	33.06	Uruguay	19.67
Israel	33.18	Swaziland	16.49	Venezuela	15.29
Jamaica	22.38	Trinidad &Tobago	17.52		
Jordan	57.35	United States	13.58		
Kenya	15.30	Zambia	25.50		
Kuwait	18.37	Zimbabwe	22.37		
Malawi	10.06				
Malaysia	19.77				
平均值		20.23		19.05	

　　根据世界经济自由指数（EFW）历年数据整理，英属31个殖民地和西葡属10个殖民地1970—2004年的EFW总指数（Summary Index），以及所包含的"法律结构和产权保护"（Legal Structure & Security of Property Rights）和"对信贷，劳动力和商业的管制"（Regulation of Credit，Labor & Business）指标如表7—2所示。指数比较如图7—1、图7—2和图7—3所示，EFW指数方面，英属殖民地大部分年份高于西葡属；"法律结构和产权保护"指标方面，英属殖民地所有年份高于西葡属；"对信贷，劳动力和商业的管

制"指标方面，英属殖民地几乎所有年份高于西葡属（只有 1975 年英属殖民地略低于西葡属殖民地）。

由此可见，英属和西葡属殖民地制度存在显著差异，英属殖民地制度质量高于西葡属殖民地制度质量，可按宗主国标准对各个国家进行分类研究。

表 7—2　英属和西葡属殖民地的 EFW 指数及相关指标

年份	EFW 总指数		法律结构和产权保护指数		对信贷，劳动力和商业的管制指数	
	英属	西葡属	英属	西葡属	英属	西葡属
1970	6.30	5.04	6.01	2.79	5.91	5.31
1975	5.45	5.38	4.82	3.46	5.62	5.70
1980	5.46	5.44	4.99	4.55	5.72	5.41
1985	5.69	5.32	5.17	4.03	5.92	5.47
1990	5.78	5.75	5.14	4.54	5.73	5.49
1995	6.54	6.31	6.35	5.05	6.30	5.84
2000	6.77	6.47	6.37	4.60	6.39	5.85
2001	6.71	6.42	6.13	4.02	6.19	5.49
2002	6.72	6.32	6.00	4.02	6.29	5.53
2003	6.72	6.32	6.06	4.08	6.32	5.58
2004	6.76	6.40	6.00	4.06	6.39	5.78

诺斯（1991）认为，在历史的长河中人们已经设计出各种各样的制度以建立秩序并降低交易中的不确定性。但是，由于政府限定并执行经济的游戏规则，大多数情况下制度是通过政府实施而影响经济绩效（North, 1981），所以直接影响经济绩效的往往是政府。巴罗（1990）认为，政府的生产性支出也是企业的一种资本品，由于政府提供的公共产品（生产性支出活动）对私人厂商具有很强的外部性，所以政府的生产性支出可以保证资本的边际收益

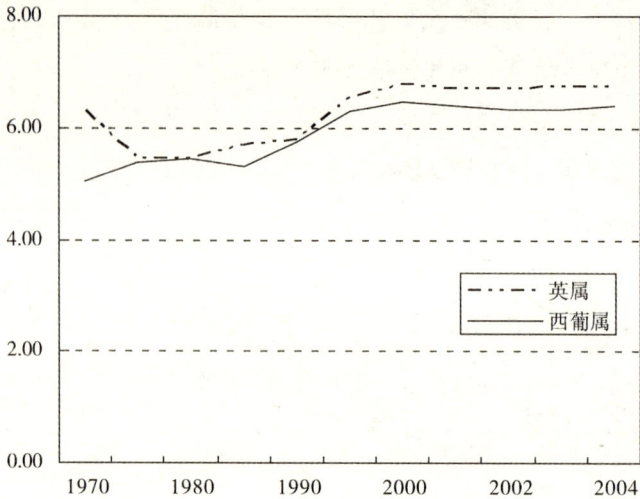

图7—1　英属和西葡属殖民地的 EFW 指数

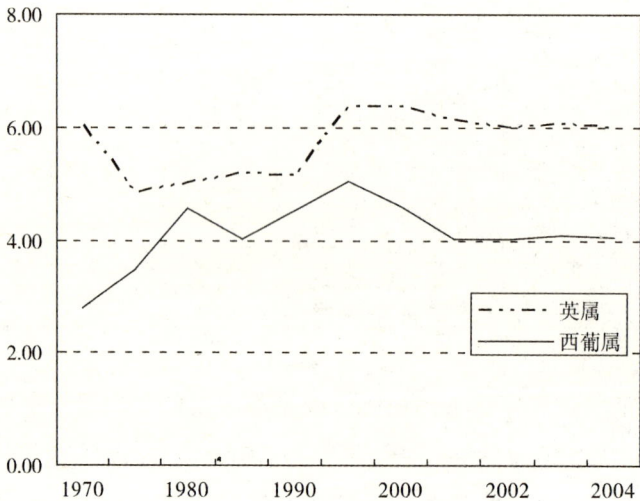

图7—2　"法律结构和产权保护"指数

不趋向于零，政府是推动经济增长的决定力量。所以本章通过研究英属和西葡属殖民地最优政府支出分析两种宗主国条件下各地区制度对经济的影响。

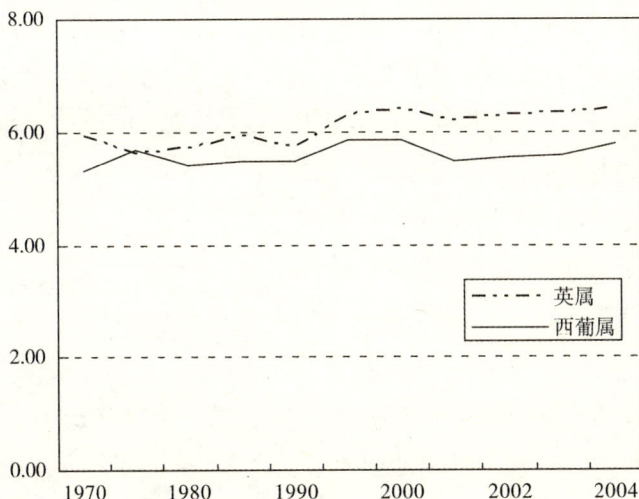

图7—3 "对信贷，劳动力和商业的管制"指数

第三节 实证模型与数据说明

本章的实证模型建立在 Karras（1993，1996）方法基础上，考虑宗主国制度对政府规模的影响。假设经济产出函数为：

$$Y_t = A_t F(K_t, N_t, G_t/N_t) \tag{1}$$

其中，A 是技术水平指数，Y 是实际产出，K 是期初（私人和公共）总资本存量，N 是就业数量，G 是政府消费。并且假设 F 不随时间变化且连续两阶可微，$F_i > 0$，$F_{ii} < 0$，$i = 1，2，3$。政府消费假设对生产有正效应（$F_3 > 0$），因为政府支出包括司法体系、国防、消防与治安和基础设施，在某种程度上也使得产权更有效率，所以有正的边际产出。

将方程对时间求导后除 Y，得：

$$\frac{\dot{Y}}{Y} = \frac{\dot{A}}{A} + \alpha\left(\frac{\dot{N}}{N}\right) + MPK\left(\frac{\dot{K}}{Y}\right) + MPG\left(\frac{gN}{Y}\right) \tag{2}$$

其中，$g = G/N$，待估系数分别是：就业产出弹性 $\alpha = (\partial F/\partial N) N/Y$，资本边际产出 $MPK = \partial F/\partial K$，政府服务的边际产出 $MPG = \partial F/\partial G$。方程的实证结果可以检验"政府服务是否有产出贡献"的假设：

H_0：$MPG = 0$，G 没有产出贡献

H_1：$MPG > 0$，G 有产出贡献

根据 Barro 法则，最优政府消费 G 的提供要求 $MPG = 1$（Barro，1990）。这个法则从直观上看，当 1 单位的政府消费使产出刚好增加 1 单位时，政府服务的提供是最优的；如果产出的增加多于（少于）1 单位，政府服务提供不够（过多）。① 据此，我们能检验政府服务提供是否最优：

H_0：$MPG = 1$，G 为最优

H_1：$MPG < 1$，G 规模过大

H_2：$MPG > 1$，G 规模过小

这个理论框架也能推出最优政府规模。令 $MPG = \gamma/s$，其中 $\gamma = (\partial F/\partial G) G/Y$ 是 G 的产出弹性，而且 $s = G/Y$ 是产出中的政府规模比例。用 * 表示最优值，在 $MPG* = 1$ 意味着最优政府规模为：

$$s* = \gamma \qquad\qquad\qquad\qquad (3)$$

估计 γ 的一种方法是对方程求导，变成：

$$\frac{\dot{Y}}{Y} = \frac{\dot{A}}{A} + \alpha\left(\frac{\dot{N}}{N}\right) + MPK\left(\frac{\dot{K}}{Y}\right) + \gamma\left(\frac{\dot{g}}{g}\right) \qquad\qquad (4)$$

---

① Karras (1997) Karras, G., 1997, "On the Optimal Government Size in Europe: Theory and Empirical Evidence", The Manchester School of Economics and Social Studies, 65 (3): pp. 280—294. 在对 Barro 法则修正的基础上证明了更一般的状况，将私人消费和政府消费进入生产函数，这时 MPG = 1 成为最优政府消费边际产出 MPG * 的上限，而 Barro 法则成为一个特例。当假设政府服务和私人消费相比在消费者效用中所占的比例相对较小时，最优政府消费边际产出 MPG * 接近等于 1。

这里 α、MPK 和 γ 为待估参数。

根据以上数理分析，本章设定政府服务边际产出和最优政府规模的实证模型如下：

$$\frac{\dot{Y}_{it}}{Y_{it}} = C + \eta_i + \alpha\left(\frac{\dot{N}_{it}}{N_{it}}\right) + MPK\left(\frac{\dot{K}_{it}}{Y_{it}}\right) + MPG\left(\frac{\dot{g}_{it}N_{it}}{Y_{it}}\right) + \mu_{it} \tag{5}$$

$$\frac{\dot{Y}_{it}}{Y_{it}} = C + \eta_i + \alpha\left(\frac{\dot{N}_{it}}{N_{it}}\right) + MPK\left(\frac{\dot{K}_{it}}{Y_{it}}\right) + \gamma\left(\frac{\dot{g}_{it}}{g_{it}}\right) + \mu_{it} \tag{6}$$

由于是跨国数据，国家间因为本国特点存在个体差异，会对实证结果造成影响。所以，本章初步考虑模型形式是带个体固定效应的面板数据模型，η_i 表示个体的固定效应。

但模型形式是否包含个体的固定效应仍需由具体的 F 检验决定，如接受原假设则模型形式为 Pure Pooled 模型；如拒绝原假设，则证明有个体效应，但还需要进一步通过 Hausman 检验判断个体截距项是固定效应还是随机效应。最终的模型形式待回归结果检验。

其他变量方面，被解释变量 $\frac{\dot{Y}_{it}}{Y_{it}}$ 表示 i 国第 t 年的 GDP 增长率；解释变量 $\frac{\dot{N}_{it}}{N_{it}}$ 表示 i 国第 t 年的劳动力增长率，根据数理公式，待估系数 α 为就业产出弹性，在其他条件相同的条件下，就业增长率越大，产出增长率越大，预期就业产出弹性 α 为正；$\frac{\dot{K}_{it}}{Y_{it}}$ 表示 i 国第 t 年的新增资本占 GDP 的比重，待估系数 MPK 为资本边际产出，预期资本边际产出为正。$\frac{\dot{g}_{it}N_{it}}{Y_{it}}$ 表示 i 国第 t 年的新增人均政府支出变化量与劳动力之积占 GDP 的比重，待估系数 MPG 为政府服务的边际产出，方程的实证结果可以检验"政府服务是否有产出贡献"

的假设：若有产出贡献，则 MPG 为正，若没有产出贡献，则 MPG 为零。此外也可检验"政府规模是否最优"，若最优，则 MPG 为 1，若政府规模过大，则由于规模报酬递减 MPG 小于 1，反之，则大于 1。$\dfrac{\dot{g}_{it}}{g_{it}}$ 表示 i 国第 t 年的人均政府支出增长率，待估系数 γ 的值即为所求最优政府规模，理论上最优政府规模取值范围为 [0，1]；μ_{it} 表示残差。本章目的在于实证检验英属殖民地和西葡属殖民地"政府服务的边际产出 MPG"和"最优政府规模 γ"的区别，一共有四个回归方程，分别用方程（5）验证英属殖民地和西葡属殖民地"政府服务的边际产出 MPG"，用方程（6）验证英属殖民地和西葡属殖民地"最优政府规模 γ"。

由于不清楚扰动项的结构，因此在回归方程中没有直接设定，需要通过数据结构和实证检验判断。从数据结构看，横截面上，各国的差异较大，可能会有组间的异方差，从相关文献看，跨国数据的异方差是普遍存在；时间序列上，由于采用多年数据，而相关数据又含有趋势，可能存在自相关。这些都有待进一步的实证检验。

所有数据来自 Summers – Heston 数据库（Penn World Table），[1] 相关说明参见 Summers & Heston's（1991）。[2] 完整的数据包括 188 个国家 1950—2004 年的相关数据，根据本章需要，选取 Summers – Heston 数据库中英属殖民地 31 个国家和西葡属殖民地 10 个国家的指标如下：

人口：POP

---

[1] Alan Heston, Robert Summers and Bettina Aten, 2006, Penn World Table Version 6.2, Center for International Comparisons of Production, Income and Prices at the University of Pennsylvania, September 2006.

[2] Summers & Heston's, 1991, The Penn World Table (Mark 5): An Expanded Set of International Comparisons, 1950—1988.

真实人均 GDP（Laspeyres）：RGDPL

真实人均 GDP（Chian）：RGDPCH

真实每个劳动力平均 GDP（Chian）：RGDPWOK

RGDPL 中政府消费份额（%）：KG

RGDPL 中投资份额（%）：KI

根据 Summers & Heston's（1991）的相关说明，计算以下各个所需数据：

真实国民生产总值 Y = RGDPL × POP

资本 K = RGDPL × POP × KI × 0.01

劳动力 L =（RGDPCH/ RGDPWOK）× POP

政府支出 G = RGDPL × POP × KG × 0.01

英属和西葡属殖民国家各国平均政府规模如表 7—1 所示，由于数据的可获得性和平衡性考虑，本章选取 1970—2003 年数据进行计算。

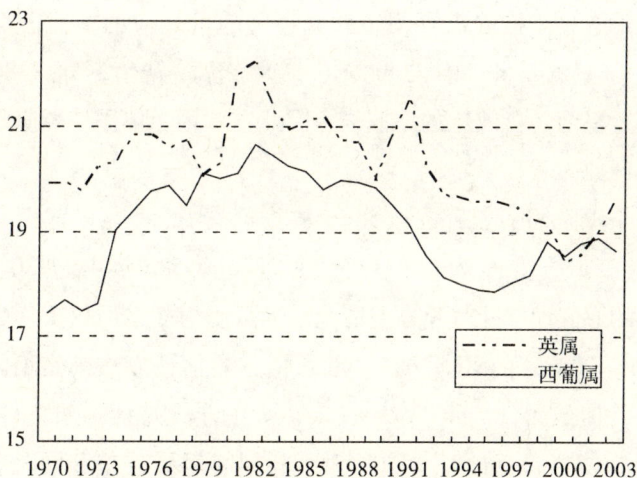

图 7—4　英属和西葡属殖民地政府规模比较

如图 7—4 所示，根据历年 Summers – Heston 数据库（Penn World Table）整理，在 1970—2003 年 34 年期间，31 个年度英属殖民地政府规模显著高于葡萄牙殖民地政府规模，只有 3 年（1979 年、2000 年、2001 年）政府规模是英国殖民地略小于西班牙、葡萄牙殖民地的。当然，这是实际的政府规模，而最优政府规模是否存在显著差异仍有待作进一步检验。

第四节　最优政府规模与经济增长

一　估计方法设定

用方程（5）对英属殖民地数据进行回归。实证结果如表 7—3 所示，由个体差异的显著性检验发现，F 检验的值大于横截面固定效应的 F 检验 5% 显著水平的临界值，即 $3.0249 > 1.4707$，因此方程以 5% 的显著水平拒绝了各国截距相等的原假设，不能用 Pure Pooled 形式估计，而需要用面板模型估计。

为了进一步检验需要固定效应还是随机效应的横截面面板模型，进行 Hausman Test，卡方值 χ^2 大于临界值，即 $8.8043 > 7.8147$，拒绝随机效应的原假设，因此本章用个体固体效应的面板模型估计此方程。

由于国家间一般存在较大个体差异，为此进行横截面异方差 Lm 检验，卡方值 χ^2 远大于临界值，即 $4560.5854 > 43.7730$，拒绝同方差的原假设。针对异方差情况，本章使用横截面权重（Cross – section Weights）的 GLS 方法，系数协方差估计方法则是稳健估计中的怀特横截面（White Cross – section）方法并且不调整自由度。这种系数协方差矩阵估计方法对组间同时期异方差和同时期相关稳健。

由于本章选取的是各国的时间序列数据，为检验是否存在自相关问题，在方程中加入 AR（1），结果以 1% 的显著性水平通过设定检验，可见存在自相关问题。

表 7—3　　英属殖民地政府边际产出的面板数据模型估计结果

待估参数 ＼ 估计方法	Pure pooled	Fixed effect	Random effect	Fixed + hetro	Fixed + hetro + AR（1）
MPK	0.0126 (0.0242)	−0.0796 ** (0.0372)	−0.0202 (0.0291)	0.0694 ** (0.0291)	0.0882 *** (0.0310)
α	0.9415 *** (0.0566)	0.9143 *** (0.0558)	0.9291 *** (0.0554)	0.7620 *** (0.0578)	0.7157 *** (0.0617)
MPG	1.8260 *** (0.0824)	1.8228 *** (0.0817)	1.8195 *** (0.0810)	0.9693 *** (0.1180)	0.9460 *** (0.1194)
AR（1）					0.1045 *** (0.0300)
Adjusted R^2	0.4015	0.4328	0.4055	0.3867	0.3946
Prob（F − statistic）	0.0000	0.0000	0.0000	0.0000	0.0000
横截面固定效应的 F Test	3.0249				
Hausman Test（X^2）			8.8043		
横截面异方差 LM 值（X2）	4992.8977				
Wald Test：MPG = 0					F − stat = 0.0000；Chi − sq = 0.0000
Wald Test：MPG = 1					F − stat = 0.6510；Chi − sq = 0.6509
D − W Stat	1.7230	1.8563	1.7091	1.7999	2.0081
Observations	1023	1023	1023	1023	1023

　　注：括号内是标准误；*、**、*** 分别表示 10%、5%、1% 的显著性水平。估计工具：Eviews 5.0。以下同。

　　用方程（5）对西葡属殖民地数据进行回归。实证结果如表7—4所示，由个体差异的显著性检验发现，F检验的值大于横截面固定效应的 F 检验 5% 显著水平的临界值，即 2.4534 > 1.9095，因此方程以 5% 的显著水平拒绝了各国截距相等的原假设，不能用 Pure Pooled 形式估计，而需要用面板模型估计。

　　为了进一步检验需要固定效应还是随机效应的横截面面板模型，进行 Hausman Test，卡方值 χ^2 小于临界值，即 3.8287 < 7.8147，无法拒绝随机效应的原假设，因此本章看来要用个体随机效应的面板模型估计方程。

　　但这里值得注意的是，根据先验知识有充分的理由相信，每个国家具有影响经济的自身因素或遗漏变量，所以国家之间具有个体固定效应。而且固定效应和随机效应得出的结果非常接近，因此并不影响本章的讨论。结合以上理由，并为了与英属殖民地实证方程方便比较，本章采用个体固定效应估计方程。

　　由于国家间一般存在较大个体差异，为此进行横截面异方差 Lm 检验，卡方值 χ^2 远大于临界值，即 47.1854 > 16.9190，拒绝同方差的原假设。针对异方差情况，本章使用横截面权重（Cross - section Weights）的 GLS 方法，系数协方差估计方法则是稳健估计中的怀特横截面（White Cross - section）方法并且不调整自由度。

　　为检验是否存在自相关问题，在方程中加入 AR（1），结果以 1% 的显著性水平通过设定检验，可见存在自相关问题。

表7—4　西葡属殖民地政府边际产出的面板数据模型估计结果

待估参数　　估计方法	Pure pooled	Fixed effect	Random effect	Fixed + hetro	Fixed + hetro + AR（1）
MPK	0.0975 ** (0.0402)	0.1733 *** (0.0588)	0.1268 *** (0.0480)	0.1524 *** (0.0429)	0.1953 *** (0.0676)

续表

估计方法 待估参数	Pure pooled	Fixed effect	Random effect	Fixed + hetro	Fixed + hetro + AR (1)
α	0.7369 *** (0.2344)	0.8622 ** (0.3457)	0.7823 *** (0.2804)	1.0734 *** (0.2900)	1.0331 *** (0.3570)
MPG	1.4246 *** (0.1645)	1.3013 *** (0.1696)	1.3658 *** (0.1650)	1.2143 *** (0.2150)	0.9247 *** (0.1951)
AR (1)					0.3671 *** (0.0697)
Adjusted R^2	0.2266	0.2564	0.2208	0.3472	0.4382
Prob (F – statistic)	0.0000	0.0000	0.0000	0.0000	0.0000
横截面固定效应的 F Test	2.4534				
Hausman Test (X^2)			3.8287		
横截面异方差 LM 值 (X^2)	51.7629				
Wald Test: MPG = 0					F – stat = 0.0000; Chi – sq = 0.0000
Wald Test: MPG = 1					F – stat = 0.6999; Chi – sq = 0.6997
D – W Stat	1.4495	1.5237	1.4337	1.3770	1.9454
Observations	330	330	330	330	330

方程（6）对英属和西葡属殖民地的回归过程与方程（5）类似：

方程（6）对英属殖民地数据回归的方程中，实证结果如表7—5所示，由个体差异的显著性检验（F检验）发现，需要用面板模型估计；进行 Hausman Test 发现需要用个体固定效应的面板模型估计；进行横截面异方差 Lm 检验，拒绝同方差的原假设。针对异方差情况，本章使用横截面权重的 GLS 方法，系数协方差估计方法则是稳健估计中的怀特横截面方法并且不调整自由度。通过在方程中加入 AR（1），检验发现存在自相关问题。

表7—5　　英属殖民地最优政府规模的面板数据模型估计结果

估计方法 待估参数	Pure pooled	Fixed effect	Random effect	Fixed + hetro	Fixed + hetro + AR （1）
MPK	0. 0025 （0. 0260）	−0. 0651 （0. 0402）	−0. 0115 （0. 0293）	0. 0829 *** （0. 0311）	0. 1004 *** （0. 0360）
α	0. 7221 *** （0. 0584）	0. 6977 *** （0. 0584）	0. 7149 *** （0. 0578）	0. 6420 *** （0. 0530）	0. 6022 *** （0. 0509）
MPG	0. 4465 *** （0. 0251）	0. 4368 *** （0. 0252）	0. 4422 *** （0. 0249）	0. 2056 *** （0. 0243）	0. 2004 *** （0. 0256）
AR（1）					0. 1055 *** （0. 0312）
Adjusted R^2	0. 3159	0. 3365	0. 3134	0. 3969	0. 4002
Prob（F – statistic）	0. 0000	0. 0000	0. 0000	0. 0000	0. 0000
横截面固定效应的 F Test	2. 2037				
Hausman Test（X^2）			9. 0630		
横截面异方差 LM 值（X^2）	5445. 9272				
D – W Stat	1. 6212	1. 7080	1. 6140	1. 8004	2. 0032
Observations	1023	1023	1023	1023	1023

　　方程（6）对西葡属殖民地数据回归的实证结果如表7—6所示，经过各种检验，与用方程（5）对西葡属殖民地的回归方程设定原因相同，采用个体固定效应、横截面权重的 GLS 方法、带 AR（1）的面板方程进行估计，系数协方差估计方法则是稳健估计中的怀特横截面方法并且不调整自由度。

表7—6 西葡属殖民地最优政府规模的面板数据模型估计结果

待估参数＼估计方法	Pure pooled	Fixed effect	Random effect	Fixed + hetro	Fixed + hetro + AR (1)
MPK	0.1133 *** (0.0396)	0.1963 *** (0.0581)	0.1291 *** (0.0436)	0.1758 *** (0.0467)	0.2166 *** (0.0709)
α	0.6876 *** (0.2319)	0.7377 ** (0.3447)	0.6942 *** (0.2558)	0.9932 *** (0.2962)	1.0575 *** (0.3722)
MPG	0.3040 *** (0.0337)	0.2726 *** (0.0360)	0.2960 *** (0.0341)	0.2461 *** (0.0405)	0.1866 *** (0.0374)
AR (1)					0.3607 *** (0.0694)
Adjusted R^2	0.2390	0.2533	0.2300	0.3450	0.4353
Prob (F – statistic)	0.0000	0.0000	0.0000		0.0000
横截面固定效应的 F Test	0.4981				
Hausman Test (X^2)			4.599		
横截面异方差 LM 值 (X^2)	52.0718				
D – W Stat	1.4894	1.5239	1.4787	1.3897	1.9310
Observations	330	330	330	330	330

二 估计结果及其讨论

根据表7—3和表7—4，英属殖民地政府服务的边际产出 MPG 为0.9460，高于西葡属殖民地政府边际产出0.9247；根据系数 Wald Test，英属和西葡属殖民地政府方程都拒绝 MPG = 0 的原假设，表明政府支出对两种宗主国制度下的殖民地产出都有贡献。

值得强调的是，英属和西葡属殖民地政府方程都无法拒绝 MPG = 1（即"实际政府规模等于最优政府规模"）的原假设。事实上，英属殖民地政府实际平均政府规模为20.23%，接近表7—5中方程（6）对英属殖民地实证求得的最优政府规模20.04%；西葡属殖民地政府实际平均政府规模为19.05%，接近表7—6中方程（6）对英属殖民地实证求得的最优政府规模18.66%。

为了方便比较，本书将英属和西葡属殖民地实证结果，以及Karras（1996）对全世界所有国家的回归结果归纳如表7—7所示，无论是政府服务的边际产出MPG，还是最优政府规模γ，英属殖民地都高于西葡属殖民地，且殖民地均低于世界水平（Karras，1996）。

表7—7　　英属、西葡属殖民地与世界各国政府边际产出和最优政府规模比较

	英属殖民地	西葡属殖民地	世界（Karras，1996）
MPG	0.9460	0.9247	1.01
γ	0.2004	0.1866	0.23

由于方程（5）、方程（6）的因变量为经济增长率，因此政府支出边际产出的差异也导致经济增长的区别：由于制度质量较高，英属殖民地的政府支出对经济增长的贡献比西葡属高2.12%；世界各国比英属殖民地高6.40%，比西葡属高8.53%。

对各种估计方法得出的实证结果比较发现，方程的结果都非常显著，而且待估参数非常接近，初步判断模型比较稳健。再用柯布—道格拉斯（C-D）生产函数模型对各生产要素产出弹性进行估计。结果如表7—8所示，英属殖民地政府支出产出弹性0.0486大于西葡属殖民地政府支出产出弹性0.0289，即每增加1%单位的政府支出，英属殖民地经济增长率比西葡属增长率高2%左右，进一步验证了本章模型的稳健性和结果的可靠性。

表7—8 英属和西葡属殖民地 C – D 函数模型估计结果样本

样本 待估参数	英属	西葡属
EK	0.0896 *** (0.0185)	0.0729 (0.0506)
EL	0.1307 ** (0.0553)	0.6465 *** (0.1290)
EG	0.0486 *** (0.0120)	0.0289 ** (0.0138)
Adjusted R^2	0.9605	0.7103
Prob（F – statistic）	0.0000	0.0000
D – W Stat	2.1290	1.6748
Observations	495	164

第五节 结论

制度质量不同，导致政府支出的产出效应不同，从而影响最优政府规模，导致经济增长差异。如果制度质量较高，则政府支出的边际产出较大，从而最优政府规模也较大。根据本章对 41 个国家 1970—2003 年的世界经济自由指数（EFW）和面板数据研究表明，英属殖民地制度显著高于西葡属殖民地制度，使得其政府支出边际产出和最优政府规模均高于西葡属殖民地。由于制度差异导致政府支出边际产出差异，引起对经济增长率贡献的区别，从而影响经济增长差异。事实上，中国香港和澳门恰恰分别被英国和葡萄牙殖民统治。[①] 虽然殖民统治之前港澳两地具有相似的人口特征、当地文

① 英国人通过 1842 年的《中英南京条约》、1860 年的《中英北京条约》、1898 年的《中英展拓香港界址专条》等三个不平等条约，强行割占了香港；葡萄牙殖民者在 1845 年单方面宣布澳门为"自由港"，1933 年葡萄牙宪法称"澳门是葡萄牙主权管辖下的领土"，1955 年，葡萄牙宣布澳门是它的海外省份（陈昕、郭志坤，1997，1999）。

化基础和资源禀赋,① 但由于英属和葡属殖民地制度差异,使得殖民统治下的港英政府在政府支出方面比澳门更具有建设性。这种区别显著的体现在基础设施建设上:港英政府重视基础设施的建设,采取的是建设性殖民策略,香港政府通过每年的财政支出建设国际机场、筑路修桥、公共房屋、电信基建和集装箱码头;而葡萄牙殖民统治下的澳门采取的是非建设性殖民策略,实施从葡萄牙移植过来的、被诺斯(1973)称为通过"转让垄断权"换取财政收入的专营制,不仅基础设施建设低于港英政府,而且将政府职能中的基础设施建设功能转移给专营公司。专营公司不仅要上缴专营税,还要负责市政建设、对外交通、社会福利事业等。② 瑞士洛桑国际管理学院(IMD)历年发表的《全球竞争力年度报告》也表明,香港的"基础设施"指标排在世界前列,远远高于澳门基础设施的建设水平。这说明了制度差异导致最优政府支出差异,从而也导致两地经济发展水平差异。

　　值得强调的是,由于殖民地的被殖民和剥削的历史,使得其制度建设总体而言低于独立地区。根据本章的实证研究表明,无论是

---

　　① 在英国和葡萄牙殖民政府之前,当地居住的都是华人,影响当地的是基本相同的文化体系;港澳均为小岛型经济体,没有资源,唯一具有的天然条件是地理位置优越,殖民统治之前经济基础都不发达(邓丽君、郑天祥,2003)。

　　② 1962年澳葡政府与泰兴娱乐公司订立8年专营合约规定,该公司每年的净利润中,要用于澳门的慈善事业;购置水翼船,改善香港、澳门间的交通;为保持内港畅通,每年疏浚河道100万立方米。1982年《澳门幸运博彩新法律》规定,专营公司在批给期间确保香港与澳门之间有定期班次的快速载客的交通运输能畅通行驶;对疏通海上和港口工作作出贡献。1986年澳门政府与博彩专营公司签署的《博彩专营修订合约》中规定,专营公司有责任参与并投资于第二澳乙水大桥(即友谊大桥)、澳门国际机场、新澳港客运码头、乙水城区建设等大型发展计划,并着力组建基金会赞助科学、慈善、文化、艺术活动。澳门旅游娱乐有限公司同澳门政府签订的《专营合约》规定,该专营公司还必须保证港澳间至少有三艘普通船只(每周30班)和九艘气垫船(每日84班),每年最少的客运量为1000万人次;负责疏浚航道及停泊区;将船只交政府船坞维修;致力于外港填海区建设工程(陈昕、郭志坤,1999)。

英属殖民地还是西葡属殖民地，其政府支出边际产出和最优政府规模均低于世界平均水平。这也从制度上影响政府支出边际产出，从而影响经济增长的角度，解释了世界殖民历史国家经济表现总体而言低于独立国家的经济现象。

综上所述，本章的研究将宗主国作为区分制度的代理变量，避免制度概念所包含的各个因素的讨论，解决了由于制度衡量指标不同引起的结果差异；并用实证结果支持了诺斯（1981）提出的宗主国制度影响殖民地政策（本章为政府支出政策）的观点；通过引进制度因素，进一步发展了最优政府规模的相关理论（Barro，1990；Karras，1993，1996）。但是，如何将制度质量对经济增长的动态效应进一步进行分析，仍然值得作进一步深入研究。